엄마는
딸의 밝은
미래를 보고 싶다

캐시 스펠맨 지음

윤미례 옮김

지성문화사

엄마는 너의
밝은 미래를 보고 싶단다

사랑하는 딸들아, 나는 너희에게 하고 싶은 말이 매우 많단다. 그러나 최근에 이르러 너희들이 새로운 친구들을 사귀는데 너무나 많은 시간을 투자하므로, 그동안 우리가 함께 나누었던 정감있는 대화는 늘 뒷전으로 밀려나 버리는구나. 아쉽고 서운하기는 하지만 어쩔수가 없는 일이다. 그것은 너희가 성장하고 있다는 증거이니까 말이다.

그래서 엄마는 글을 쓰기로 결심을 하였다. 너희들에게 말하고 싶은 사항이 있을 때마다 글로 써 두자고 마음을 바꾸어 먹은 것이다. 답장의 의미로 너의 생각을 적어 내게 건네 준다면 나는 대 환영이다. 그러나 부담을 가질 필요는 없다. 왜냐하면 이 짧은 글들이 모여 〈전쟁과 평화〉 정도의 장문이 될 때까지 너희가 답장을 보류해 두더라도 서운한 마음을 갖지 말자고 굳게 다짐을 했으니 말이다.

그러나 시작하기 전에 한 마디 해두고 싶은 말이 있다. 그것은 엄마가 이 노트에 심원한 우주의 진리라든가, 어려운 이념을 말하려는 것은 절대 아니라는 사실이다. 내가 쓰려고 하는 것은 지극히 일상적인 생활에 대한 피력이다. 이를테면 너희보다는 인생을 조금 더 살아온 사람의 평범한 생각을 전해주고 싶은 것이다.

내가 한 모든 경험은 머지않아 너희도 경험하게 될 것이다. 왜냐하면 이 엄마가 살아온 날들이란 대부분의 보통 사람들과 마찬가지로 지극히 평범해서 일상의 범주를 크게 벗어난 적이 없기 때문이다.

사회적인 여성문제, 이를테면 모든 여성을 통째로 2류 시민으로 취급한다든지, 능력은 따져보지도 않고 단지 여성이라는 이유로 남성에 비해 상대적으로 낮은 임금을 받고 있는 현실, 그리고 여성은 근본적으로 세상을 움직이는 일에 종사하기 어렵다는 등의 근거없는 편견은 누구나 익히 인식하고 있는 부분이다.

그러나 너희들도 곧 한 사람의 성숙한 여성

이 될 테니까, 여성이 갖고 있는 장점을 속속
들이 알아둘 필요가 있다. 나는 지금까지 35년
간을 살아오면서 한 번도 내가 여성이라는 사
실에 대해서 불만을 가져본 적이 없었다. 오히
려 여성으로 태어난 것을 자랑으로 여길 수 있
을 만큼 우리의 성(性)은 많은 매력을 담고 있
는 것이다. 나는 여성이 남성보다 훨씬 우수
하다고 생각한다. 여성이란 본능적으로 자기
자신의 모습을 파악하기 쉽고, 어린애를 낳을
수도 있으며, 뛰어난 육감을 가지고 있다. 또
한 여성은 태어나면서부터 유연성과 서정적인
성격을 갖추고 있으며, 아주 작은 것에도 감사
하고 감동할 수 있는 마음까지 가지고 있으니
금상첨화가 아니겠느냐.

　요즈음의 세상은 매우 빠른 속도로 변화를
거듭해 가고 있다. 나아가 그러한 사회적 변화
는 수용하기 어려울 만큼의 수많은 정보를 끊
임없이 양산하고 있다. 따라서 너희들은 인류
의 장구한 역사 중 그 어느 세대보다 복잡하고
다양한 사회적 압력을 받으며, 그에 따른 깊은
딜레마에 빠져있을 것이다.

　엄마가 지금 적고 있는 것들은 대체로 지극
히 주관적이고 개인적인 것이기 때문에 너희들

또래의 사고방식에 맞지 않는 부분도 있을 것
이다. 그러나 너희가 앞으로 영위해야 할 삶이
어떠한 것일지라도 매순간마다 끊임없이 선택
을 해야만 하는 결단의 연속일 것임은 틀림이
없을 것이다.

나는 이 글이 너희가 살아갈 인생에서 올바
른 선택을 하는 데 도움이 되어지기를 기대하
고 있다. 그렇다고 해서 나의 교훈을 너에게
그대로 적용하라는 말은 아니다. 다만 나를 통
한 간접적인 경험을 함으로 해서 세상을 바라
보는 너희의 시야를 좀더 넓혔으면 하는 바람
이 있다는 이야기이다. 또한 엄마가 살아온,

그리고 앞으로 살아갈 삶에 대해서도 공정한
평가를 부탁하고 싶다.

세월과 함께 모든 것은 바뀌어 간다. 예절
도, 습관도, 그리고 삶의 방식까지도 바뀌어
가고 있다. 그러나 영구히 바뀌지 않는 것도
이 세상에는 분명히 존재하고 있다. 그러나 현
존하는 삼라만상에 대한 판단은 너희들의 몫
이다. 나는 그렇게 믿고 있다.

-엄마가

차   례

부록 : 아이의 두뇌를 나쁘게 하는 질병들

제1장 삶에 대한 이야기

1. 자존심을 가지고 행동하라

〈먼저 자신의 좋은 친구가 되자〉

사랑하는 딸들아, 엄마는 오늘 아침에 자존심이 매우 상했단다. 그래서 이 글을 서둘러 쓰게 되었는지도 모른다. 평상시에는 그저 웃으면서 넘겨 버릴 수 있는 사소한 일이 때로는 사람들에게 커다란 상처를 입히기도 하거든.

세상에는 사람들의 자존심을 허물어뜨리기 위해 조작된 함정들이 시간과 장소에 구애됨이 없이 늘 도사리고 있단다. 그러나 미리 겁을 낼 필요는 없어. 씩씩하게 자기의 길을 가는 사람들에게는 그러한 함정을 가볍게 뛰어 넘을 수 있는 용기가 저절로 생겨나는 법이니깐.

너희 또래의 아이들은 어른들이 어린 아이들에게 좀처럼 칭찬을 해주지 않는 것에 대해 불만이 많을 줄 안다. 우리가 자랄 때도 그랬었으니까. 엄마는 어렸을 때 칭찬은커녕 끊임없이 잘못을 지적하기만 하는 어른들이 야속했단다. 그러나 시간이 흐르면서 내가 갖고 있는 지식이 빈약함을 절실하게 깨닫게 되었지.

성인이 되어 사회에 나가서야 비로소 어른들의 잔소리를 이해할 수가 있었단다. 한 발짝 앞에는 먼저 올라선 사람들이 추월을 당하지 않으려고 공격을 해온다. 그리고 바로 뒤에서는 추월을 노리는 후배들이 눈을 크게 뜨고 엉덩이를 툭툭 건드리고 있거든.

이를테면 괴로움의 연속이라고밖에 말할 수가 없단다. 모든 것들이 열등감을 부추기기 위해 만반의 준비를 갖추고 있지. 그래서 결국은 〈내 능력을 인정받을 때가 과연 올 것인가〉 하는 회의섞인 생각을 하게 되기도 한다.

그러면 어떻게 하면 자존심에 상처를 입지 않고 편안한 마음으로 살아갈 수가 있을까?

내가 경험한 바로는 자존심을 마치 소중한 보물처럼 깊이 간직하는 것이다. 그리고 남들이 나를 향해 하는 말들을 냉정하게 판단하는 거야. 그 가운데에 혹시 귀를 귀울여야 할 부분이 있지는 않은지, 만약 있다면 과감하게 실행에 옮기면 된다. 그리고 다른 부분은 깨끗하게 버리는 것이다. 마치 쓸데없이 무겁기만 한

쓰레기들을 말끔하게 처분하듯이 말이다.

비평이란 본래 그 근본 취지가 의심스러운 것이 많단다. 이를테면 질투에서 비롯된 것과 좋고 싫음에서 나온 것, 그리고 상대의 콧대를 꺾어주고 싶은 마음으로 하거나 자신이 해결할 수 없는 지극히 어려운 문제를 가지고 있어서 그 화풀이를 하기 위해 남을 비판하는 경우도 종종 있지.

브론빈, 얼마 전 네가 먹던 사탕이 몸에 몹시 해롭다는 등의 말로 심통을 부렸던 네 친구의 일을 기억하고 있는지 궁금하구나. 혹시 그 아이는 너의 사탕이 먹고 싶었던 것은 아닐까?

우리들은 가끔씩 어떠한 계략을 숨기고 있는 사람들로부터 비판을 당하곤 할 때가 있단다. 더구나 진정으로 상대방의 안전이나 성장을 바라는 마음으로 비판을 해주는 일은 극히 드물지. 따라서 비평 그 자체는 물론, 말의 이면에 숨어 있는 동기에 각별한 주의를 하지 않으면 안 되는 거야.

어떠한 것이 참다운 비판인가를 잘 생각하여, 그 속에서 너에게 유익한 것과 그렇지 않은 것을 정확하게 구별할 수 있는 안목을 길러야 한다. 킷 프링크는 그러한 부분에 대해 다음과 같은 말을 했다.

〈모든 사람이 너를 의심하더라도 네가 스스로를 믿고 있다면 그것은 옳은 일이다. 그러나 자신의 믿음이 아무리 확고할지라도 그들의 의심을 한번쯤 되새겨 보는 것이 좋다〉

이를테면 그 말은 좋지 않은 동기로 인해 시작된 비판일지라도, 자신이 원하기만 한다면 그 속에서 이로운 점을 발견할 수가 있다는 것이다.

지지야, 너는 친구들로부터 복장이 단정하지 못하다는 이야기를 자주 들었던 것으로 알고 있다. 그리고 너는 그러한 말들로 인해 몹시 큰 상처를 받았었지. 하지만 그것이 계기가 되어 지금은 옷을 입는 데 있어서 어느 정도의 감각을 키울 수 있었다. 그리고 결국은 센스있는 옷차림을 해서 그들에게 멋진 복수를 해 주었지.

추측컨대 당시의 너는 그들의 비난 속에서 작으나마 어떤 진실의 싹을 분명히 발견하고 있었던 것이다. 사람이란 늘 새로운 정보를 접하면서 살아갈 수밖에 없다. 그리고 주위의 변화를 감지하여 자신을 수정하기도 한다. 말하자면 인생이란 자신을 끊임없이 개선해 나가는 하나의 과정에 불과한 것이다.

이 엄마는 네가 매사에 깊이 생각도 해보지 않고 달면 삼키고, 쓰면 뱉어버리는 단순한 사람이 되지 말고 너에게 쏟아진 비판도 충분히 분석하여 이용할 줄 아는 넓고 큰 마음을 가졌으면 하는 바람을 가지고 있단다.

자신의 의견을 확실히 하자

세상을 살아가면서 무엇보다 중요한 것은 매사에 자기 자신의 의견을 확실히 하는 일이다. 어떠한 일을 결정하고자 할 때 남들의 무책임한 말에 현혹되기보다는 자신의 확고한 의견을 갖고, 그 기준에 맞추는 자세가 필요하단다.

저 유명한 퀴리 부인은 많은 사람들로부터 여러 가지 잡다한 비난의 소리를 들어야 했고, 소크라테스는 자신의 의지를 굽히지 않았던 까닭에 결국은 독약을 받았으며, 모딜리아니는 엉터리 그림장이라는 수모를 당했던 사실을 잊어서는 안 된다.

우리가 알고 있는 대부분의 선각자들은 자신의 의지를 굽히지 않아 주위의 사람들로부터 끊임없이 무시당하고 욕을 먹었으며, 급기야는 추방을 당하는 수모를 겪기도 했다. 그러나 결국에는 인류의 위대한 공헌자라는 칭송을 영원히 들을 수 있게 된 것이다.

어떤 의견에 대해 반대를 하는 사람이 세상에 아무도 없다면 발전은 영원히 이루어지지 않는단다. 자신있게 말하지만 만일 사람들이 지금까지 행해져 온 그대로의 것만을 단순하게 반복하려 한다면 신천지가 열리는 일은 영원히 없을 거야.

야망이 큰 사람들은 대체로 시야가 좁은 사람들에게 끊임없는 비판을 당하곤 한다. 그러나 그들은 결코 포기하지 않고 자신의 신념을 관철시키기 위해 끝까지 노력을 경주하지. 그래서 결국은 지구가 둥글다는 것도 확인이 될 수 있었고, 미국의 독립 역시 성취할 수 있었던 거란다.

시시야, 너도 아직 기억하고 있으리라고 믿는다. 2,3년 전 네가 심한 우울함에 빠져 고전을 면치 못하고 있을 때 아버지께서 하셨던 말씀을 말이야.

"아침에 일어나면 제일 먼저 거울을 보면서 이렇게 말해 보렴. 〈너는 참 예쁜 아이구나. 이 세상 어디에도 너처럼 예쁜 여자 아이는 없을 거야〉라고 말이다."

아버지는 가능한 한 너의 자존심을 치켜세워 주기 위해 단순하지만 효과적인 방법을 생각해 내셨던 거야. 너는 〈바보들이나 하는 짓 같아요〉라고 말하면서도 아빠의 그 진심어린 충고를 곧 행동으로 옮겼었지. 그리고 며칠이 지난 어느날 아침, 너는 이렇게 말했었다.

"엄마, 나처럼 예쁜 여자 아이는 이 세상 어디에서도 찾아볼 수 없을 거예요, 그렇죠?"

모두들 한바탕 큰 소리로 웃으면서 지나간 일이지만, 그것은 네게 있어서 실로 대단히 중요한 일이었단다. 바보같다고 말하면서도 너는 거울을 향했고, 얼마 후 자신을 발견할 수 있었으며, 결국은 스스로를 우울하게 했던 하찮은 일들은 잊어버릴 수 있었던 거야.

사람이란 누구를 막론하고 일생동안 비판을 하려는 타인들의 눈에 노출되어진 상태에서 살아갈 수밖에 없단다. 또한 그러한 노출은 출세를 하면 할수록 더욱 더 심해지는 법이지. 이를테면 남들의 눈에 보여지는 만큼 공격의 표적이 된다는 말이다.

얘들아, 아무리 노력을 한다고 해도 모든 사람들에게 골고루 사랑을 받으면서 살아갈 수 없는 게 인생이란다. 그렇다고 해서 그 노력을 포기해서는 절대로 안 된다. 매사에 모든 정열을 쏟는 모습, 그것처럼 아름답게 느껴지는 모습은 없으니까.

자신을 잃지 않고, 스스로의 재능을 믿으면서 목표를 향해 꾸준하게 전진해 보렴. 그러면 머지않아 너희가 정한 목표가 틀림없이 이루어질 것이라고 엄마는 말해주고 싶구나.

내가 너희들 만큼의 나이를 먹었을 때, 할머니가 내 등을 어루만져 주시면서 들려주셨던 말씀이 생각난다.

"무슨 일이든 재미 반, 장난 반으로 해서는 안 된다. 이를테면 대강대강 넘어가지 말라는 얘기이다. 매사를 진지하고 신중하게 대해야 하며, 자신이 하려는 일의 정당성을 따지고 명확하게 판단하는 자세가 필요하단다. 그 상대가 누구라도----부모나 형제, 또는 국가나 선생님, 그리고 목사님일지라도----마찬가지지. 자신의 도덕적 신념과 의지에 비추어 볼 때 부끄러움 없이 정당하다고 생각될 때 비로소 행동으로 옮기는 거야."

할머니가 하신 그 말씀대로 행하기 위해서는 우선 자신을 믿지 않으면 안 된다. 엄마는 네

가 신께서 부여해 주신 힘을 최대한으로 살려
서 스스로가 정한 목표를 틀림없이 이룰 수 있
는 인간이 되기를 기대한단다. 그렇게 되기 위
해서는 자신의 마음이나 생각이 올바르게 정립
되어야 하겠지? 또한 타인들의 목소리에도 열
심히 귀를 기울여야 하겠고 말이다.

딸들아, 다시 한번 말하지만 세상을 살아가
면서 무엇보다도 중요한 것은 자신이 옳다고
생각될 때는 주위의 의견이 어떻든 자신의 신
념을 관철시키는 용기를 갖는 일이란다. 비평
이라는 것은 대체로 사물의 건설보다는 파괴에
흥미를 느끼는 빈도가 잦은 반면, 창조는 우리
의 인생이 지향해야 할 이상향이라고 할 수 있
으니까.

✽ 딸들의 의견 ✽

엄마, 모든 비판을 순수하게 받아들이기란
결코 쉬운 일이 아니지만, 가끔씩 그것에 의해
스스로의 약점을 깨달을 수 있는 기회가 주어
진답니다. 그 덕분에 사람들은 보다 행복한 삶
을 영위할 수 있다고 생각해요.

-지지-

제가 아이를 낳으면 그저 착하기만 한 아이로 키우기보다는, 자신에 대해서 잘 알고 있는 사람으로 성장시키고 싶습니다. 대부분의 어머니들은 자신의 아이들을 완벽한 인간으로 키우기 위해 부단한 노력을 한다고 알고 있어요. 하지만 저는 완벽한 인간이란 있을 수 없다고 생각하거든요. 만약에 그런 사람이 존재한다면 그는 모든 면에서 억압에 둘러싸여 있는 불행한 사람일 겁니다. 엄마, 열심히 할께요. 저 스스로를 발견하기 위해서 말입니다.

-브론빈-

엄마, 미인이라면 자존심을 갖는 것이 당연하지 않나요? 저는 자신을 사랑할 줄 아는 사람이 다른 사람도 사랑할 수 있으리라고 생각하고 있어요. 또한 다른 사람의 친구이기 전에, 자신의 친구가 되어야 한다고 생각합니다. 말하자면 남을 좋아하기 위해서는 자신을 철저하게 알고, 좋아하지 않으면 안 된다는 이야기입니다. 프라이드(pride)를 가지고 다른 사람과는 다른 자기 자신의 특징에 만족을 느껴야 하지요.

-시시-

2. 항상 감사하는 마음을 갖자

〈컵은 절반이나 채워져 있습니다〉

살아가는 일은 대단히 힘겹다고
모두가 말하기 때문에,
나는 내가 이렇게 살아가는 것이
얼마나 훌륭한가를 노래하고 있습니다.

-존 덴버-

컵에 물이 절반 정도 채워져 있는 것을 보고
'반이나 채워져 있다'고 말하는 사람과 '반밖
에 채워져 있지 않다'고 말하는 사람이 있음을
너희들은 알고 있겠지? 애들아, 이것은 대단
히 중요한 문제이다. 이 둘 중의 어느 쪽 견해
를 가지느냐에 따라 인생은 많이 달라진단다.
후회없는 인생을 살도록 예정되어진 사람은 아
무도 없지. 아무리 아름답고, 똑똑하고, 부자
일지라도, 그리고 자기가 원하는 모든 것을 이
루었다 하더라도 자기의 삶에 후회하지 않고

전적으로 만족하는 사람은 아마 없을 것이다.

얼마 전에 어느 상점 앞을 지나가다 정말 아름다운 여성의 뒤에 줄을 서게 된 적이 있었어. 엄마는 이렇게 아름다운 여성 뒤에 서있다는 사실이 기뻤단다. 이렇게 예쁜 여자도 있구나 생각하고 있는데 그 여자가 큰 소리로 떠들어대기 시작했어. 그 예쁜 입에서 저속한 단어와 듣기 거북한 이야기가 쏟아져 나왔지. 순간 나는 이 여자에게 지성이 결여되었음을 알고 참 안타까왔단다.

사람은 누구나 장점과 단점이 있게 마련이지. 딸들아, 자기의 장점을 살리고 단점을 보충하는 것은 마음가짐에 달려있음을 명심해야 한다. 자신의 재능이 무엇인지를 충분히 검토한 후, 자신에게 부족한 점을 찾아보면 좋다. 부족한 점을 고치고 재능을 키우기 위해 끊임없는 노력을 하렴.

자신은 아름답다고 생각하라

'찬스'라는 시를 들어본 적이 있니? 전쟁중에 어느 병사가 부러진 칼을 버리고 전장(戰場)을 빠져나갔지. 마침 아무런 무기도 갖지 못한 왕자가 그 칼을 발견하고 매우 기뻐했어.

왕자는 그것을 주워들고 마침내 적을 쓰러뜨리게 된단다. 쓸모없다고 다른 사람이 버린 무기가 왕자에게 찬스를 가져다 준 셈이지.

사람은 자신의 찬스를 스스로 만들어야 해. 자신이 가지고 있지 않는 것에 대해서는 아무리 한탄해도 소용이 없단다. 자신에게 주어진 것을 올바로 사용하는 일이 얼마나 중요한지 너희는 알고 있느냐.

인생에는 오직 승리를 향한 의지가 있을 뿐 그 밖에는 아무것도 없다고 말하는 사람이 있다. 그러나 용기와 굳은 신념만 있다면 승리를 충분히 달성할 수 있어.

링컨은 촛불 아래서 학문을 익혔고 에디슨은 충분한 교육을 받지 못했지만 발명가가 되었지. 만약 이 두 사람이 주변의 환경에 불만을 품고 노력을 게을리했다면 그들은 패배자로 인생을 마쳤을 것이다. 다시 말해 언제나 자기 주변을 둘러싸고 있는 부정적인 조건들에 대해 신경쓰지 말고, 대신 자신에게 주어진 것이 무엇인가를 살펴보렴. 언제나 주어진 여건 안에서 자신을 훈련시켜야 하는 법이란다.

그렇게 하면, 칼을 주운 왕자처럼 그다지 대단해 보이지 않는 사물로부터 기적을 행할 수

있다. 자신의 행동에 자신감을 가지렴. 자연스
럽게 비축된 힘, 지성, 여성다움, 재능 등을
발견함으로써 너희는 보다 발전할 수 있는 거
야.

시시야, 너는 대단히 분명하고 또렷한 말씨
를 가지고 있더구나. 너의 영리하고 분석적인
사물에 대한 견해, 뽐내지 않는 유모어, 그리
고 센스있는 태도가 엄마는 무척 자랑스럽
단다. 그것이 시시를 개성있고 매력적인 인물
로 만들어 주는 장점임을 기억해라.

브론빈, 너는 매사에 활력이 넘치고 정열적
이지. 그래서 평소의 네 몸짓마저도 마치 무대
위의 연극배우처럼 생동감이 솟아나지. 또한
브론빈, 너는 관대하고 너그러운 성격을 가지
고 있어. 너와 이야기를 하고 있으면 엄마 마
음도 밝아지는 것을 느낀단다.

너희 두 사람 모두는 훌륭한 개성과 재능을
갖고 있어. 엄마는 너희들이 어떻게 성장하고
후에 어떤 식으로 재능을 살릴지 가끔 궁금해
지기도 해. 알 수 없는 기대감이 생기기도 하
고. 앞으로 너희가 어떤 찬스를 잡느냐는 너희
의 한계를 어디에 두느냐에 따라 결정됨을 기
억하렴.

* 딸들의 의견 *

엄마는 낙천적이고, 늘 시선을 사물의 좋은
쪽으로 향하려 한다는 것을 저는 알고 있습
니다. 하지만 왠일인지 저는 그것이 잘 되지
않을 때가 많습니다.

-시시-

사물의 나쁜 면만을 보는 사람은 결국에는
비참한 인생을 보내게 되겠지요?

-브론빈-

3. 노여움은 그 자리에서 풀어야 한다

⟨마음속의 응어리를 솔직하게 전하라⟩

친구에게 화를 냈다.
나는 그에게 분노를 숨김없이 털어 놓았고,
분노는 진정되었다.

적에게 분노를 느꼈다.
나는 그것을 이야기할 수가 없었다.
분노는 더욱 세차게 타올랐다.

-윌리엄 프레이그-

어른이 되어서야 엄마는 비로소 분노가 무엇
인지를 알게 되었단다. 긴 세월 동안 엄마는
이렇게 생각했었지. '나는 화를 낼 줄 모르는
인간이구나'라고. 왜냐하면 나는 마음에 상처
를 입으면, 화가 나기보다는 슬퍼지거나 몸이
불편해지곤 했으니까.

어차피 우리들은 태어날 때부터 분노를 겉으로 드러내지 못하도록 길들여지는 것 같다. 우리는 어렸을 때 장난감을 빼앗겨도 빼앗아 간 상대를 때리거나 미워해서는 안 된다고 선생님께 배우잖니? 그리고 부모가 분별없는 행동이나 그릇된 언행을 해도 항의를 하는 것은 아주 버릇없는 아이라고 낙인이 찍히곤 하지. 또한 상대가 누구이든 정면으로 상대에게 화를 내는 것은 서로의 관계를 깨뜨린다고 믿으며 성장한다.

하지만 분노는 어떻게든 해소해 버리지 않으면 안 된다. 너의 생각은 어떠니?

분노를 해소하는 가장 보편적인 방법은 역시 상대에게 복수를 하는 것이겠지. 앙심을 품고 분노를 느끼는 상대에게 계속해서 반격을 하는 것이다. 상대를 괴롭히는 방법은 여러 가지가 있지. 좌우지간 그렇게 해서 감정을 해소하는 것이다.

너희들도 그러한 경험이 있지? 브론빈과 시시 너희들이 어렸을 때 어땠는지 아니? 브론빈은 나이가 위이고 몸집도 크기 때문에 싸울 때는 늘 힘으로 위력을 발휘했고, 시시는 그 능숙한 말솜씨가 무기였지. 예를 들어 브론빈이 완력으로 장난감을 뺏으면 2, 3일 지나서 시시는 브론빈이 했던 일중에 가장 부끄러운 기억을 들추어내어 큰소리로 말하곤 했지. 아직 기억하고 있겠지? 그러나 아무런 해결책도 얻지 못한 채 분노는 오랫동안 계속 남게 되는 법이란다.

나 역시 최근에 다른 방법을 찾아 내기 전까지는 그런 공전을 거듭해 왔단다. 그러나 이런 방법의 결점은 시간이 많이 걸린다는 데에 있지. 몇 일이고, 몇 주일이고, 아니 심지어 몇 년이 걸리기도 해. 이 방법은 괴로운 큰 짐을 짊어지고 있는 것처럼 대단히 힘들고 귀찮은 해결책이라고 생각지 않느냐.

다른 방법으로 묵비권을 행사하는 경우도 있지. 자신은 불행하고 불만스러운 상태임을 주위 사람들에게 은연중에 알리는 거야. "왜 그래?" 하고 물으면 "아무것도 아냐"라고 마치 수난자의 표정이 되어 단 한 마디 대답을 하는 거야. 이렇게 아무말도 하지 않는 사람은 주위의 분위기를 갑갑하게 만들고, 그럼으로써 복수를 하고 있는 셈이다. 이 방법 역시 정면에서의 대결은 피하고 있다고 볼 수 있겠구나.

분노는 그 자리에서 풀어라

매일 매일의 생활 속에서 우리는 무례한 일과 만나기도 하고 부정한 일을 보기도 한다. 가끔은 피해와 터무니없는 오해도 받고. 그런 일을 당하면 감정을 이기지 못해 앞에 말한 방법을 쓰기도 하고 다른 여러 가지 행동을 하게 될 거야.

나는 지금부터 내가 말하는 방법을 사용하라고 권하고 싶다. 그것은 내가 찾아낸 것이고 또한 지극히 간단한 방법이야.

분노를 느끼는 일이 발생하면 그 자리에서 추궁해 보면 어떨까? 네가 느낀 그대로를 상대방에게 전달하는 거지. 만약 친구들이 네 머리를 보고 새둥지 같다고 놀리면 "얘들아. 그 말은 너무 심하지 않니"라고 그 자리에서 말하렴. 네가 친구의 놀림에 상처받았음을 즉시 알려주는 것이다. 또, 너의 남자친구가 "너 뚱뚱해졌구나"라고 말하면 "너는 참 뻔뻔스러워졌어"라고 되받아 말하렴.

너희들이 엄마의 말을 이해하고 있는지 모르겠구나. 가슴 속의 분노는 즉시 밖으로 표출시켜야 한다. 절대 분노를 모아두어서는 안 된다.

오른쪽 뺨을 맞았다고 해서 왼쪽 뺨을 내밀어서는 안 된다. 괴롭힘을 당하기만 하는 순교자가 되어서는 절대 안 된다. 엄마의 말을 명심하렴. 속으로 분노를 모으고 있다면 그것은 너에게 오랫동안 괴로움이 될 뿐만 아니라 상대방에게 음험한 방법으로 복수를 하는 셈이다. 그리고 결국은 상대와의 관계를 악화시켜 버리게 된다.

딸들아, 너희들은 다음과 같이 말하겠지. "우리는 선생님께 다른 아이를 편애하지 말라고 얘기하고 싶어요. 그러나 그렇게 말하면 틀림없이 창문 밖으로 내동댕이쳐질 거예요"라고.

하지만 자기 자신에게 이렇게 말해보렴. 나는 솔직하게 분노를 밖으로 표현함으로써 상대의 반응까지 컨트롤할 수 있다고. 네가 화를 내면 상대도 화를 내며 맞설지 모른다. 그러나 가령 네가 상대를 화나게 했다 하더라도 자신의 분노를 표출시켰다면 그것은 자신을 위한 것이다. 에너지를 발산시켜 버리기 때문에 마음이 후련해짐을 느끼게 되지. 그러나 분노를 발산하지 않은 채 그대로 가슴 속에 담아 둔다면, 분노는 보다 파괴적인 것으로 변하게 될지도 모른다.

엄마가 거듭 당부하고 싶은 말은 자신의 감정을 솔직하게 표현하라는 것이다. 그리고 그것에 반응할 찬스를 상대에게도 공평하게 주어야 한다. 상대방으로부터 상처를 받는다면 즉시 그 자리에서 해결을 하자. 그것을 거추장스럽게 집까지 가져와서 다른 사람들을 불편하고 불쾌하게 만들어서는 안 된다. 나의 말을 새겨두고, 몇 차례 시험을 해보렴. 이 방법이 얼마나 뒤끝이 없고, 서로에게 적의를 만들지 않으며, 서로를 이해시켜 주는지를 알면 너희는 아마 깜짝 놀라게 될 걸.

자신의 감정을 숨기거나 분노를 억압하는 것이, 오히려 서로의 인간관계를 악화시킨단다. 너나 네가 사랑하는 사람이 완전하지 못한 것은 인간이기에 당연한 거야. 인간은 누구나 반드시 옳은 일만을 할 수 없으며 사리판단이 그릇된 경우도 생긴단다.

하지만 어떤 문제이건 분노를 솔직하게 표현해 둔다면 큰 문제는 피할 수 있다. 억눌렸던 분노를 어느날 갑자기 한꺼번에 폭발시켜 버리는 것이 그때 그때 분노를 밖으로 표출시키는 것보다 훨씬 위험하다는 사실은 따로 얘기하지 않아도 되리라 믿는다.

너희들이 다른 사람과 의견이 다를 때 어떤 방법으로 자신의 의견을 말하고 논쟁을 해야 하는지 지금부터 알려 주겠다.

왜 언쟁을 하는가 ?

너희들도 알다시피 사람들은 여러 가지 이유에서 언쟁을 한다. 자신은 전혀 그러고 싶지 않았는데 어쩔 수 없이 휘말리게 되는 경우도 있지.

가령 학교에서 네 동료중의 누군가가 공부를 전혀 하지 않았는데 너의 답안지를 컨닝해서 높은 점수를 받았다고 하자. 너는 발각되면 큰 소동이 일어날까 두려워 그 아이에게 따지지도 못하고, 화가 났지만 꾹 참을 수밖에 없었다. 며칠 후, 그 애가 너에게 말을 걸어 오면 너는 어떤 태도를 보이겠니 ? 짐작컨대 다짜고짜 화부터 내기 시작할 것이다.

실제로는 컨닝을 한 사실에 대해 용서를 할 수가 없었기 때문이지만, 너는 차마 그런 내색을 하지 않고 일상적인 다른 일을 트집 잡아 화를 낸 것이다.

가정에서도 그런 예는 아주 흔하지. 언쟁을

함에 있어서 현재의 일이 아닌 옛날의 일을 새삼스레 들추는 경우가 많지 않니. 어렸을 때 엄마는 외출하고 심술궂은 가정부와 집에 남게 되었다고 하자. 아직은 어려서 화를 낼 수 없기에 가정부에 대한 분노는 이내 가슴 속에 담아 두고 말지.

그런데 10년 후 엄마와 말다툼이 시작되면 공연히 어렸을 때의 분노가 되살아나는 거야. 현재 엄마와 다투는 원인은 집안일이나 돈, 최근에 생겼던 일들 때문임에도 불구하고 마음속 깊은 곳으로부터 옛날에 가정부에게 자신을 맡겨두고 외출을 한 엄마에 대한 분노가 고개를 쳐들어 상황을 더욱 악화시키는 것이다.

자, 이제부터 내가 하는 말은 중요하다. 만약 네가 말다툼을 한다면 무엇에 대해 화를 내고 있는지를 먼저 명확히 해야 한다. 혹시 그것이 최근의 일이라면 생각을 꽁하니 가슴에 담아두지 말고 그 자리에서 솔직히 화를 내렴.

디스코테크에서 친구가 "너 정말 춤추는 게 형편없구나! 양쪽 다리가 제멋대로 노는데?" 하고 말한다면 너는 그 친구에게 이렇게 말하렴. "그러니? 임신 10개월의 버팔로야!"하고 말이다.

그동안 쌓아놓았던 분노가 현재까지 언쟁의 원인이 되고 있다고 생각되면 구체적으로 그 분노가 무엇인지 생각해 보렴.

그런 후, 응어리를 가지고 있는 상대에게 너의 감정을 솔직히 고백하고 분노를 해소하고 싶다고 도움을 청해라. 마음속에 맺힌 감정이 있는가 없는가를 결정하는 하나의 열쇠는 시종 언쟁을 하고 있는 것에 있다.

만약 부모, 형제, 혹은 친구들과의 말다툼을 여전히 참을 수 없다면 다음의 말을 기억하자.

"나를 정말로 괴롭히는 것을 아직까지 밖으로 표출하고 있지 않다. 내 분노를 완전히 표출해 버리지 않았기 때문에 감정을 해소할 수 없는 것이다."

사랑하는 딸들아, 분노를 억눌러 두면 일 년 내내 불쾌한 상태가 계속된단다. 마치 구두 속에 작은 돌멩이가 들어가 안절부절못하는 것처럼 언제나 화를 내게 되는 거야. 그러나 분노를 표출해 버리면 마음이 편안해진다. 하지만 주의해야 할 점이 있어. 화를 내는 것으로 그쳐 버리면 너 자신이 개운하지 않을 뿐만 아니라, 화풀이를 당하는 사람도 언짢을 수 있으니 각별한 주의를 기울여야 한다.

용서해야 할 것과 잊어야 할 것

사랑하는 딸들아, 이 세상에서 용서할 줄 모르는 사람만큼 불행한 사람은 없단다. 타인의 잘못에 대해 용서하지 못하거나 잊지 못하는 사람은 결국 비참한 인생을 보내게 되는 거야. 이런 사람들은 자신의 감정을 솔직히 그 자리에서 표현하지 못했기 때문에 더욱 불행해지는 것이다. 자신의 감정을 있는 그대로 표현하면 그것으로 끝날 일을, 그들은 가슴 속에 담아두고 분노를 쌓아왔기 때문에 평생 괴로움을 느끼게 된다.

유쾌하고 편안한 마음으로 하루하루를 보내는 것은 참으로 축복된 일이지. 인간이라면 사실 누구나 이렇게 행복을 느껴야 하지 않을까. 그러나 분노와 긴장, 속상한 느낌을 갖고 있다면 그것은 바람직한 마음 상태가 아니니 풀어버리도록 하렴.

혹시 너희 중에 '나는 행복해 질 가치도 없어'라고 생각하는 아이가 있는지 모르겠구나. 만약 그렇게 생각하는 사람이 있다면 그것만큼 불행한 일은 없단다. 그것에 대해서는 또다시 나중에 언급하마.

* 딸들의 의견 *

분노를 밖으로 표출하라는 엄마의 말씀은 깊이 새겨 둘께요. 분노를 쌓아놓지 않는 행동이 얼마나 중요한지 저도 새삼 느낄 수 있었어요. 그러나 친구들에게는 분노를 표현할 수 있지만 선배나 어른들에게는 쉽지가 않을 겁니다. 게다가 상대가 선생님이면 아예 생각도 할 수가 없을 것 같습니다.

-시시-

저는 분노를 타인에게 발산해서는 안 된다고 생각합니다. 그런 일을 하면 문제는 점점 복잡해지지 않을까요? 분노가 생기면 스스로가 그것을 컨트롤해야 한다고 생각합니다.

-지지-

자신의 감정을 밖으로 나타내지 못한 채 가슴에 담아두는 것은 정신 건강에도 나쁘다고 생각합니다. 그리고 그러한 감정은 언젠가 폭발하겠지요. 어쩌면 난처한 상황에서 감정이 폭발하여 더욱 어려운 상태가 될 수도 있지요. 누군가에게 화가 나면 그 자리에서 즉시 풀어

야 합니다. 그것이 불가능하면 주먹으로 벽을
두드린다거나, 곰인형이나 베개라도 때려서 화
를 풀어야지요. 분노를 담아두면 몸의 상태가
나빠질지도 모릅니다.

-로라-

　저는 사람들의 의견이 항상 일치하지는 않
는다는 사실을 일깨워준 엄마에게 감사드립
니다. 타인과 의견은 달라도 서로 사이좋게 지
내며 사랑하고 함께 이야기를 나누며 살아갈
수 있으니까요.

-브론빈-

4. 행복할 의무에 대하여

〈당신은 행복이 어울리는 여자이다〉

인간의 의무 중에서
가장 소홀히 해서는 안 될 것이
행복해지는 의무이다.

-R. L 스티븐슨-

애들아, 칼 메닌저의 〈자신에게 등지는 것〉
이라는 책을 읽어봤는지 모르겠구나. 이 책은
행복해지는 길을 스스로가 닫아버리는 어리석
음에 대해 자세하게 진술하고 있으니 반드시
읽어보렴.

우리들도 기쁨을 향해 나아가다가 어느 순간
마치 전기가 끊기듯이 중단되어 버리는 일이
종종 있지. 왜 그런 일이 생기는지에 대해 잠
깐 생각해볼까.

갓난아기 때부터, 아니 어머니의 뱃속에 있

을 때부터 우리들은 많은 것을 기억 속에 새겨 두지. 방의 벽지 색깔과 처음 걸음마를 했을 때의 일처럼 사소한 것부터 중요한 일까지 아주 많은 것을 우리는 머리 속에 기억해 둔단다. 그런데 바로 그러한 기억들 때문에 문제가 발생하게 된다는 사실을 너는 알고 있니?

생각해 보렴. 너희들은 어렸을 때 어른들로부터 〈그래선 안 돼〉라는 말을 무척 많이 들어 왔을 것이다. 너희들은 아직 어리고 그래서 실수를 많이 할 수밖에 없었을 테니까. 구두 끈도 올바로 매지 못하고, 옷에다 오줌을 싸기도 하고, 아직 글씨도 예쁘게 쓰지 못하고 모두에게 꾸중만 들었겠지.

열심히 하려고 애를 써도, 실수를 하지 않겠노라 마음먹어도 뜻대로 잘 되지 않았겠지. 그것은 당연해. 아직 어떠한 행동을 함에 있어 익숙해 지기에는 나이가 어렸으니까. 운동신경이 충분히 발달될 때까지는 그 행동이 서툴게 마련이지. 그림 퍼즐은 형태의 구분이 확실히 될 때까지는 어디에 끼워 넣어야 하는 것인지를 금방 알 수가 없지 않느냐?

어찌보면 실수를 하는 행동은 어리기 때문에 너무 당연한데도 짜증이 난 부모님과 선생님은 큰소리로 야단을 친다. 그리고 아이들은 꾸중을 듣고 괜히 고개를 푹 숙이게 되지.

"아직도 그 모양이니!" "몇 살이 되면 제대로 하겠니?" "넌 왜 이렇게 멍청하니!" 이런 부정적인 말들을 어른들로부터 끊임없이 들으면서 자라는 거야.

딸들아, 이런 부정적인 말들이 우리들에게 어떤 영향을 주는지에 대해 생각해 본 적이 있느냐. 〈너는 안 돼〉, 또는 〈너는 당연히 벌을 받아야 돼〉라는 말을 계속해서 듣는 일, 이것은 〈너는 행복해질 자격이 없어〉, 〈너에게 기쁨이란 당치도 않아〉라는 말을 듣는 것과 같다고 생각할 수도 있다.

그러면 어떤 일이 생기는지 아니? 상처받기 쉬운 말들은 주로 어렸을 때 많이 들었으므로 성장한 후에는 그런 말을 구체적으로 기억하지는 않게 돼. 그러나 2와 2를 곱하면 4가 되는 것을 처음에 어떻게 이해했는지 모르고 단지 4라는 것만을 아는 것처럼 〈행복해질 자격이 없어〉라는 어릴 때의 생각을 어른이 된 후에도 잠재의식 속에 그대로 가지게 된단다. 행복할 자격이 없는 것이 마치 당연한 듯이 이유를 불문하고 스스로 그렇게 생각해 버리는 거야.

행복해지지 않으려는 계획

앞서 얘기한 부정적인 프로그래밍이 사람들을 얼마나 자책감에 젖게 만드는지, 나아가 자멸과 자살로까지 이어지게 만드는지 너희들은 알고 있니? 그 심각성은 정말 놀라울 정도란다.

알콜 중독, 마약 중독 등 뚜렷하게 눈에 띄는 형태로 나타나기도 하지만 두드러지지 않게 다음과 같은 모습을 보이기도 하니까 이것 또한 부정적인 프로그래밍의 결과임을 기억해 두렴.

어떤 일을 위해 끊임없이 노력하고 매달리지만 결국 성공의 일보 직전에서 그것을 놓쳐 버리는 사람, 몇 년 동안이나 맹훈련을 하여 시합에 참가하려는데 하루 전날 독감으로 쓰러지는 운동선수, 한 학기 동안 열심히 공부해 놓고서 정작 시험 당일에 너무 긴장한 나머지 백지를 내는 학생.

얼핏보면 우연한 일처럼 보이는 이러한 자기 파괴적인 행동에는 커다란 공통점이 있음을 알아야 한다. 비록 우연히 일어난 사고로 보이므로 누구를 원망할 수 없는 형태를 취하고 있기는 하지만 말이다.

　내가 무슨 이야기를 하려는지 벌써 알고 있다고? 그래. 이것이 바로 자기 좌절이지. 그렇지 않니? 인간의 마음과 육체가 자기 자신에게 반역을 일으키는 거야. 자신은 미처 그것을 알지도 못하고 그렇게 되기를 원하고 있지도 않지만 어쩔 수가 없다.

　그러한 성공의 일보 직전에서 좌절하는 것은 어이없는 프로그래밍의 결과란다. "나는 승리할 수 없어"라든가 "행복해질 리가 없어" 또는 "그렇게 쉽게 손에 쥐어진다면 근심거리가 뭐가 있겠니" 등 어릴 때 들은 이야기가 머리 속에 박혀 있기 때문이야. 물론 어떤 말이 어떤 형태로 자신의 머리 속에 잠재되어 있는지는 사람마다 다르지만 결과는 비슷하게 나타난다. 즉 좌절에 깊이 빠지기도 하고 심하면 자살을 하려는 충동을 느끼기도 하는 거야.

　비교적 흔히 접하게 되는 가벼운 증상으로 자신은 기쁨을 가질 수 없는 인간이라고 믿고, 기쁨을 느끼는 것을 스스로 금지하는 경우가 있지. 이러한 행동은 거의 무의식적으로 나타나고 크게 두드러지지 않기 때문에 그냥 지나치기 쉽지만 잊지 말기 바란다. 이것은 실제로 여러 가지 악영향을 끼치기도 하니까 말이다.

학교생활에서 그런 경우는 흔히 있는 일이야. 예를 들어 시험을 봤는데 95점을 받았을 경우, 100점을 받지 못했다고 속상해 하는 학생이 있지. 또한 수학이나 과학은 뛰어나지만 국어가 평균 점수를 밑돌아 애태우는 학생도 상당수 있을 것이다.

어떤 이는 장사를 하여 아주 많은 돈을 모았음에도 전혀 만족할 줄 모르고 오로지 더 많은 돈을 모으기 위해 자신을 자꾸 질책하곤 한다. 애정 문제에서도 마찬가지로 성심성의껏 사랑을 하지만, 어떤 까닭에서인지 보답되지 않는 사랑을 고르는 사람도 있어.

사랑하는 딸들아, 우리들이 사는 세상에는 곳곳에 기쁨이나 즐거움을 금지당한 프로그래밍이 모습을 드러내고 있단다. 그런데 엄마가 생각할 때 더욱 안타까운 것이 있다. 그것은 즐거움을 거부하려는 원인을 자신이 아닌 다른 것에 전가시키려는 태도이다.

예를 들어 성적이 나쁜 학생의 경우, 자신의 성적이 나쁜 이유가 선생님에게 있다고 생각하는 거야. 일 중독에 걸린 실업가는 그 이유를 아내의 낭비벽에서 찾으려 하기도 하지. 또한 실연한 사람은 상대의 사랑이 빈약하기 때문이라고 한탄하지만 그것은 모두 틀린 말임을 기억하기 바란다. 절대로 타인에게 책임을 전가시켜서는 안 된다. 사실은 이 모두가 자신의 마음속에 있는 부정적인 프로그래밍, 즉 행복해지지 않으려는 계획 때문임을 명심해야 한다.

작은 일에도 기쁨을 느끼고 있는가?

그렇다면 이런 불유쾌한 생각들로부터 어떻게 하면 벗어날 수 있을까? 우선 자기 자신에 대해 차분히 그리고 충분히 관찰해 볼 필요가 있다.

매사를 즐겁게 생활하고 있는가? 학교와 직장 생활은 재미있는가? 피로가 쌓이거나 스트레스가 누적되고 있지는 않는가? 작은 일에서 기쁨을 느끼는가? 아름다운 자연의 모습에, 또는 새로 구입한 드레스에 당신은 즐거움을 느끼는가?

애들아, 너희들은 세상을 살아가면서 감사한 마음으로 기쁘게 생활하고 있는지 궁금하다. 또한 자기 자신에 대해 괜히 조바심을 내고 불만에 싸여 하루하루를 보내고 있지는 않은지 걱정이 되는구나.

만약 너희가 비참한 기분을 느끼며 살고 있다면 그러한 기분이 들게 만드는 방아쇠가 무엇인지 차분히 생각해 보렴.

지지야, 시시야. 혹시 짧은 순간 행복해하다가도 애써 다시 고민의 싹을 찾고 있지는 않는지. 행복이 슬며시 너희들 곁으로 다가오면 도리어 겁이 나서 뒤로 물러서고 있지는 않은지 엄마는 좀 걱정이 돼. 더 나아가 너희는 행복한 기분이 계속되면 호사다마라고 반드시 나쁜 일이 일어나겠구나 생각하여 걱정하고 있지는 않은지 모르겠구나. 그런 생각을 품다 보면 끝없이 괴로워지고 또한 자꾸 꺼림칙한 기분에 빠져 드니 조심하렴.

"나는 마땅히 행복해야 한다"라고 날마다 자신에게 속삭여야 한다. 너희는 극악무도하지도 잔인하지도 않은 사랑스런 얼굴을 하고 있음을 기억해라.

비참함이 아닌 기쁨이, 그리고 비애가 아닌 행복이 너희에게 어울린단다. 가령 뭔가 실수를 했다고 해도 그것은 사소한 실수임을 기억해라. 인간은 누구나 실수를 한다는 것을 너희들은 잘 알고 있겠지?

이제부터 점성가가 주문을 외우듯 너희들도

날마다 이렇게 큰소리로 말해보면 좋다. "나에 게는 행복이 어울린다. 마음은 언제나 평화로 가득차 있다"라고.

이런 식으로 매일매일 소리내어 말하면, 그 것은 모르는 사이에 네 의식에 박혀 신념을 가 질 수가 있지. 즉 행복의 길로 한 걸음 다가서 게 되는 거야.

자, 이제 너희들 스스로의 상태를 관찰해 보 아라. 훨씬 행복해져 있지. 그런데 한참이 지 나서 혹시 네가 스트레스, 고뇌, 억압을 다시 느끼게 되었다면 전에 했던 행복의 의식을 새 로이 머리 속에 주입시키렴.

옛날의 프로그래밍을 어떻게 버릴 것인가에 대해서는 뛰어난 심리학자가 쓴 책을 읽어 보 는 것도 좋단다. 내가 추천하고 싶은 책은 처 음에 들었던 칼 메닌저의 『자신에게 등지는 것』, 롤로 메이의 『사랑과 의지』, 토마스 A 헤 리스의 『I'M O.K YOU'RE O.K』 등이란다. 너희들은 이 책을 읽어 보았니?

뛰어난 사색가들이 쓴 읽기 쉽고 알기 쉬운 책이 많이 있으니 관심있게 살펴보고 꼭 읽어 주기 바란다. 자신에게 맞는다고 생각되는 책 을 골라 순수한 마음으로 차분히 읽으렴. 그러

면 네가 미처 몰랐던 상황들, 그리고 그것에
대처하는 방법을 얻을 수 있을 거야.

혹시 부정적인 프로그래밍이 너무 깊이 자신
에게 스며들었다고 생각되면 친절하고 유능한
카운셀러와 상담해도 좋지. 얘들아, 행복한 생
활은 자신이 스스로 만들어 내는 거야. 또한
어떤 노력도 아끼지 말아야 한다.

✳ 딸들의 의견 ✳

인생을 살아감에 있어서 기쁨과 행복은 대단
히 중요한 것입니다. 그러나 자기가 원하는 것
을 모두 갖지 못했다고 해서 행복하지 않다고
는 말할 수 없지요. 하루하루를 살아가면서 나
를 행복하게 하는 요소를 찾아보고 가능한 한
그것을 즐기려는 마음을 갖는 것이 중요하다고
생각합니다.

-지지-

평범한 일상에서 기쁨과 행복을 찾아야 하는
군요. 저는 최소한 인생의 4분의 3은 즐겁고
행복해야 된다고 생각해요.

-시시-

　기쁨과 행복은 비슷한 듯하면서도 서로 다
르지요. 기쁨은 바로 그 순간뿐이지만 행복은
일생동안 지속되는 게 아닐까요?

-로라-

　사람은 행복과 불행 중에서 어느 한쪽이라고
생각합니다. 행복은 사물을 어떻게 바라보느냐
에 따라 결정되는 것 같아요. 자신을 행복한
상태에 놓는 일, 또한 그러기 위해 최선을 다
할 책임이 우리에게 있지요.
　어떤 사물이나 자세히 보면 반드시 밝은 면
이 있지요. 이제부터 저는 모든 사물의 밝은
면을 보기 위한 시각을 익히겠어요. 그래서 세
상이 밝게 보이면 저는 자신감이 넘치는 인생
을 보낼 수 있을 것입니다. 그러나 주위 사람

이 자신을 행복하게 해 주기를 기다리기만 하
는 사람은 불행의 구렁텅이에 빠지겠지요.

-브론빈-

5. 죽음은 고향의 평온이다

〈그리운 사람들과의 재회가 기다리고 있다〉

빨리 아침이 되어라.
나는 이 곳으로부터 멀어져 가리니.
천천히 대기를 거슬러 올라간다.
그리운 대지여 안녕
하늘 위의 고향으로, 아침이 되면
돌아갈 테니.

-케트 스티븐슨-

나의 할아버지, 그러니까 너희들의 증조 할
아버지는 내가 6살 때 돌아가셨는데 나는 할아
버지를 아주 좋아했단다. 어린아이는 참석할
수 없다고 하여 장례식에 가지 못했지만, 수십
년이 지난 지금도 할아버지께 마지막 작별 인
사를 드리지 못한 것을 애석하게 생각하고 있
을 만큼 할아버지를 좋아했어.

장례식에 대한 나의 견해는 어떻게 보면 진
부할지도 모르지만 친구가 상을 당했을 때는
꼭 그 자리에 남아 함께 아파해야 한다고 생각
한다. 그것이 죽은 사람에 대한 애도이며 더
나아가 뒤에 남겨진 사람들에게 힘이 되어 주
기 때문이다. 슬픔을 함께 하는 친구가 옆에
있어 준다는 것은 유족에게 있어 마음 든든한
일이다. 소중한 사람을 잃고 슬퍼하는 사람들
에게 최대한 많은 힘과 용기를 주어야만 해.

죽음에 대한 나의 생각은 보통 사람들과는
조금 다르단다. 물론 이것은 내 개인적인 생각
이므로 너희에게 나의 생각을 강요하고 싶지는
않다. 엄마는 너희가 단지 내 생각을 참고하여
죽음에 대해 이유없는 두려움을 갖지 않았으면
좋겠구나.

인생 최후의 귀중한 모험

엄마는 죽음에 대해 전혀 두려움이 없단다.
마치 죽음이 무엇인지 뚜렷이 알고 있는 듯이
그것이 하나도 겁나지 않는구나. 엄마는 가끔
현실의 상태를 벗어나 다른 의식 속으로 빠져
들곤 하는데 죽음도 단지 그런 상태 중의 하나
가 아닐까 생각하고 있어.

딸들아, 너희들은 죽음이 두렵니? 가만히 보면 아무도 죽음을 경험하고 온 사람은 없지. 그래서 죽음은 인간에게 남겨진 미경험의 최후 영역이라고 말할 수 있지.

결국 죽음은 최후에 행하는 위대한 모험인 거야. 엄마는 나이를 먹음에 따라 점점 마음이 평안해지고 행복을 느낀단다. 그래서 죽음 역시 최후의 귀중한 경험이 되리라고 생각한다. 다른 사람들은 죽음에 대해 다소간 공포를 느끼는 모양인데 엄마는 전혀 그렇지 않다. 그렇다고 해서 엄마가 죽음의 방문을 기꺼이 기다리고 있다는 뜻은 아니야. 죽음이 생각지도 않은 시기에 불쑥 찾아온다면 아주 당황될 것 같아.

사랑하는 딸들아, 로버트 브라우닝이라는 시인은 죽음에 대해서 이런 시를 남겼지. 아주 멋진 싯구를 들어보겠니?

우리 함께 늙어가는구나
가장 멋진 날은 아직 오지 않았도다
인생의 시작은 오직 끝을 위해 존재하리니

애들아, 내가 죽음을 두려워하지 않는 또다

른 이유는 죽음을 일종의 재회로 믿기 때문
이다. 시인 로버트 루이스 스티븐이 어떤 멋진
시를 읊조렸는지 아니?

친구는 죽지 않았다
인간이 걸어야 할 작은 길을
종종걸음으로 서둘러 갔을 뿐
끝을 조금 앞당겼을 뿐
그러니 길모퉁이를 돌면
다시 얼굴을 마주할 수 있지
그대가 죽었다고 믿는
이 벗과

엄마도 그렇게 생각한단다. 우리들보다 먼저
간 소중한 사람들의 혼이 어딘가 영원한 장소
에서 우리를 기다려 주고 있을 거라고. 사랑했
던 사람들, 사랑해주던 사람들, 그들의 영혼이
한 곳에 모여 우리가 마지막 장벽을 넘어갈 때
우리의 손을 다정히 잡아줄 거라고.
마지막 인사를 드리지 못했던 할아버지가,
그리고 내가 태어나기 전에 돌아가셨지만 내가
그 모습을 꼭 닮았다고 하는 할머니가 그 곳에
서 나를 기다리고 계시겠지.

딸들아, 사랑은 결코 죽지 않아. 사랑은 이 세상에서 가장 강력한 힘을 갖고 있으며 영혼과 함께 영원히 계속되는 것이란다. 자, 엄마의 죽음에 대한 견해는 이걸로 충분히 전해졌으리라 생각하고 이만 줄이겠다. 물론 죽음에 대해서는 각자 생각하는 바가 다를 수 있고 엄마는 너희들의 의견 역시 가치가 있다고 생각한다.

단지 너희가 엄마와 이별을 고할 때가 되면 오늘 한 내 말을 기억하렴. 엄마에게 죽음은 공포나 끝이 아니라 설레임의 가슴을 안고 발을 내딛는 새로운 의식임을.

* 딸들의 의견 *

죽음은 자연스러운 현상이지요. 저 역시 죽음에 대해 공포심을 가지고 있지는 않아요. 하지만 고통없이 편안히 죽을 수 있다면 좋겠지요.

-로라-

어린 시절 한밤중에 혼자서 훌쩍훌쩍 울기도 했지요. 죽는다는 사실이 너무 무섭게 느껴졌기 때문입니다. 하지만 지금은 그리 무섭지 않습니다. 저는 전에 자주 이런 생각을 하곤 했죠.

"아아, 즐겁고 신나는 이런 생활도 언젠가는 종착역에 도달하겠구나."

하지만 지금은 죽음을 인생의 끝이라고 생각하지 않아요. 죽음은 인생의 연속일 거예요. 아니 어떤 의미로는 새로운 시작일지도 모르겠군요. 어차피 사람은 죽지 않으면 안 되잖아요? 죽음을 두려운 것이 아니라 미지의 세계, 마지막 남은 프론티어라고 생각하면 기분이 밝아집니다.

-브론빈-

나는 죽음이 무서워서 꼼짝할 수 없을 정도예요. 죽음을 두려워하지 않으려고 아무리 노력해도 소용이 없어요. 최근 친하게 지내던 친구 한 명이 죽었어요. 저는 그 때를 생각하면 아직도 무서워요.

-완다-

6. 생의 용기에 대하여

〈누구나 언제든지 투쟁할 찬스는 가지고 있다〉

기적을 믿는 사람은 모든 일이 가능하다.

-크레르보의 성 베르나르-

얼마전 엄마는 병에 걸린 토끼를 간병해 주면서 문득 나의 아버지가 자주 하시던 말씀이 생각났단다.

"싸워볼 기회를 주렴."

아버지께서는 아주 절망적으로 보이는 경우에도 언제나 그렇게 말씀하시곤 했어. 그 말속에는 당신의 가치관이 그대로 담겨 있기도 했지.

예를 들어 동물을 보건소에 보내느냐, 새 주인을 찾아주느냐의 문제가 발생하면 아버지께서는 동물에게 기회를 주기 위하여 동네 사람들을 모이게 했단다. 그래서 성심껏 돌봐주

겠다는 사람을 골라서 동물을 그리로 보내곤
했지.

사랑하는 애완동물이 병들어 수의사도 고개
를 저을 때, 승산이 희박한 줄 알면서도 나의
아버지는 싸워볼 기회를 만들어 주시곤 했어.
아무리 절망적인 상황에서도 결코 포기하지 않
고 시험해 보는 쪽을 선택하시곤 했던 것이다.
그것은 모든 생명체의 끈질긴 생명력을 신봉했
기 때문이며 더 나아가 기적을 믿는 마음을 가
졌기 때문이란다.

애들아, 너희들의 할머니에 대해 궁금하지
않니? 나의 어머니께서는 세상의 패배자들에
게 늘 관심을 갖고 그들을 다정하게 어루만져
주신 분이란다.

지체부자유자나 배고픈 어린이, 그리고 가난
에 찌들어 부모로부터 버림받은 아이들에게 언
제나 불운과 '겨뤄볼 기회'를 주셨어.

어머니께서는 당신이 가지신 능력을 모두 쏟
아 힘닿는 대로 도움을 주시곤 했지. 어머니의
격려 한 마디에 얼마나 많은 사람들이 새로운
의욕을 얻고 용기를 얻었는지 모른다. 내 어머
니의 작은 노력이 불운에 빠진 사람들로 하여
금 그것을 헤쳐 나갈 용기를 심어준 거야.

어른이 된 뒤에 나는 친분이 있는 어떤 사람에 대해 부모님과 이야기를 나눈 적이 있지. 척추암으로 죽어가던 친구에 대해 말씀드리면서 극심한 고통으로 괴로워하는 친구를 차라리 안락사 시키는 것이 낫지 않을까 말씀드렸지.

그러자 부모님께서는 이렇게 말씀하셨어.

"그 사람이 살아 있는 한 그는 죽음과 겨뤄 볼 기회를 가지고 있는 거야."

얼마 후 나는 척추암으로 죽음에 임박했던 그가 기적적으로 회복했다는 사실을 알고 놀랐는데 점심식사를 함께 하게 되었지. 그의 회복은 의학잡지에서 다루어질 정도로 희귀한 경우에 속했어. 나는 그에게 어떻게 해서 병을 물리칠 수 있었나를 물어 보았단다.

그는 의사마저 자신의 병을 포기했음을 알고 버림받은 현실에 분노를 느꼈다고 하더구나. 그래서 어느 날 밤 그는 의사의 부당한 처사에 항거하기로 굳게 마음먹었단다. 그리고 그 순간부터 투쟁을 시작한 거야. 15년이 지난 지금, 그는 척추도 멀쩡해졌고 건강한 몸으로 살고 있지. 그에게 기적이 일어난 것은 싸워볼 기회를 포기하지 않았기 때문임을 너희는 잘 알았으리라 믿는다.

동정심과 신념과 지혜를 갖자

이 '겨뤄볼 기회'에서는 세 가지 신중히 생
각해야 할 문제가 있다. 그것은 동정심과 신념
과 지혜란다.

동정심이란 가령 승리할 가망이 없더라도 모
든 인간과 동물에게 생존할 기회가 부여되기를
바라는 너그러운 마음씨이고, 신념이란 기적을
믿고 어떤 고난에도 꺾이지 않는 강인함이다.
그리고 지혜란 겨뤄볼 기회를 포기해서는 승리
의 가능성이 희박하며 전력을 가다듬을 때 희
망의 빛이 솟아나는 것을 인식하는 현명함을
말한다.

브론빈, 너는 항상 병든 토끼를 옆에서 지켜
주고 간호해 주었지. 먹이도 갖다주고 어루만
져 주기도 하고 토끼에게 겨뤄볼 기회를 주려

고 애썼음을 엄마는 자랑스럽게 생각한단다.

그러나 애석하게도 토끼가 죽어버리자 너는
무척 속상해했고 엄마도 안타까왔다. 네가 그
토록 애정을 쏟고 동정심을 가졌던 토끼였으니
오죽 마음이 아팠겠느냐. 그러나 네가 토끼에
게 그랬듯이 앞으로 살아가면서 누군가에게 싸
워 이길 기회를 주리라고 생각하면 마음이 흐
뭇하구나.

엄마는 지금까지 많은 기적을 보아왔다. 기적으로 인해 사람들은 자신의 절망적인 병을 치료했을 뿐만 아니라 절망 그 자체를 치료하기도 했지.

시시야, 지지야, 사람들이 불가능과 싸워 승리하는 것을 보면 참 기분이 좋지? 그것은 그들이 기적을 믿었기 때문이며, 투쟁할 결의를 가지고 있었기 때문에 가능한 거야.

여기에는 두 가지 의미가 있단다. 엄마는 너희들이 타인에게 겨뤄볼 기회를 주는 동정심의 소유자가 되길 바라며, 또한 자기 자신의 성공 가능성이 희박하더라도 일말의 가능성을 믿고, 진지하게 노력하는 자세를 가졌으면 하는 마음이다. 어느 순간에도 희망의 빛을 잃어서는 안돼. 물론 모든 일이 언제나 간단히 네 뜻대로만 진행되지는 않지만 신념과 지혜를 발휘하렴.

* 딸들의 의견 *

저는 기적을 믿습니다. 엄마도 보았듯이 바로 얼마 전 오빠가 무서운 사고를 당했을 때 의사는 절망적이라고 했지만 오빠는 죽지 않았

잖아요? 결코 희망과 신앙을 포기해서는 안
된다고 생각합니다. 오빠가 다행히 목숨을 건
진 것도 어찌보면 희망과 신앙 덕분입니다.

-지지-

제2장 사랑에 대한 이야기

1. 남녀 평등의 진정한 의미는

〈서로의 강함도 약함도 받아들이는 영혼의 결합〉

누구라도 당신의 승락없이는
당신에게 열등감을 품게 할 수 없다.

-에레노아 루즈벨트-

남성과 여성을 비교하여, 어느 쪽이 더 뛰어
난가에 대해 아주 오래 전부터 계속 논쟁이 벌
어지곤 했다. 남성들은 단연코 자신들이 뛰어
나다고 주장했다. 그러나 우리 여성은 큰소리
로 반론을 펴지는 않았지만, 여성의 우수성에
대해 확신을 가지고 있었지. 그러나 사실 여성
은 어느 면에서는 남성보다 우월하고, 어느 면
에서는 남성보다 열등한, 이를테면 두 가지 요
소를 모두 가지고 있단다.

남성은 무거운 짐을 들어올리는 데는 여성
보다 강하지만 지구력은 여성을 이길 수가

없다. 또한 남성은 100미터를 10초에 달리는
데 반하여 여성은 추위에 견디는 힘이 남성
보다 훨씬 뛰어나지 않느냐? 남성이 용감한
사냥꾼이라면, 여성은 그 사냥감으로 맛있는
요리를 만드는 요리사이다.

현재까지 크게 명성을 떨친 사람은 남성쪽이
더 많다는 사실은 인정할 수밖에 없다. 그러나
여성이 남성보다 평균적으로 훨씬 더 오래 산
단다.

여신(女神)이 만물을 지배했던 시대도 있
었다. 생명을 잉태하기 때문에 여성이 숭배의
대상으로 여겨졌던 시대도 있었단다. 그러나
생명을 잉태하기 위해서는 남성의 도움이 필요
함을 알게 되자 남성 우위의 시대가 다시 도래
했지. 그리고 여러 가지 이유로 인해 여성은
몇 천년에 걸쳐 제 2의 지위에 만족하게 되었
던 거야.

어떤 이유로 여성이 열등하게 취급되고 있는
가 하는 문제는 너무 복잡해서 한 두 마디로
설명하기 어렵지만 종교, 생물학, 사회학, 기
타 여러 가지가 얽혀 있지.

이것은 엄마 혼자의 생각이기는 하지만 몇
천년 동안 여성의 발을 묶었던 것은 역시 생물

학적인 요소가 가장 강한 것 같다. 즉 여성이 임신을 한다는 사실이 많은 제약을 주었던 거야.

먼 옛날부터 여자는 임신과 출산에 결부되어 왔고, 과거에는 임신 중에 일하는 것을 금했기 때문에 우리네 여성들은 임신과 함께 사회생활에 많은 제약을 받을 수밖에 없었다.

물론 예외도 있어서 어떤 시대에나 인습을 타파하려는 소수의 사람들이 있게 마련이지. 예를 들면 조르주 같은 이가 있었으나 그것이 큰 힘을 발휘하지는 못했단다.

제2의 지위에 만족해 온 까닭은?

여성이 아주 오랜 기간 동안 제 2의 지위에 만족해 온 까닭에 대해 여러 가지 견해가 나오고 있지만 솔직히 말해 여성에게는 선택의 여지가 없었던 게 아닐까? 여성은 무조건 복종하라고 배워오고 이유없는 억압도 받아들였으며, 로맨틱한 존재로 장식되어 가고 게다가 쉽게 무시당하곤 했지 않니.

평등하게 교육을 받지도 못했으며, 자기 주장을 내세우지도 못하는 단지 남성의 조수 역할만을 담당했던 거야. 자식을 낳아 길러야 했

으니 가정일만으로도 벅찰 것임은 말할 나위
도 없겠지? 여러 명의 자녀를 키우다 보면, 특
히 옛날에는 아이를 많이 낳으니까 교향곡을
들을 시간이나 제대로 있었겠니?

그렇지만 제2의 지위에 만족했던 지난 날을
후회하거나 헛된 일이라고 생각하는 여성이
있다면 이는 그릇된 거야. 여성은 그동안 귀중
한 것들을 몸에 익혀온 셈이란다. 끈기, 성실,
인내, 게다가 여성을 낮게 평가하는 남성들을
마음속으로부터 너그러이 사랑하는 일을 몸에
익힌 것이다.

여성은 부족한 것을 적절하게 메꿀 수 있는
융통성을 길렀고, 즉석에서 물건도 만들어 내
는 능력도 길렀다. 예를 들면 음식도 맛갈스럽

게 만들어 내고, 일상 생활에서 어떤 결정을
요할 경우 자기 자신의 판단으로 처리하지.

뭐니뭐니해도 자신의 판단이 중요한 때는 자
녀를 교육하다 문제가 발생했을 때란다. 아이
를 키우다 보면 돌발적인 일이 많이 생기게 마
련이고, 그러한 일에 대응할 능력과 상식이 여
성에게는 반드시 필요하지. 그러니 우리의 어
머니들이 얼마나 현명했는지 알겠지?

그렇다면 여성이 지금까지 제2의 지위에 만

족해 온 이유는 무엇일까? 자신의 우월감에
푹 빠져 능력을 발휘할 필요조차 느끼지 못하
기 때문일까? 자신의 능력을 남성에게 나타내
는 일이 자존심 강한 남성의 비위를 건드릴까
봐서 숨기고 있는 것일까?

사랑하는 딸들아, 너희들의 생각은 어떠니?
우리 여성들이 스스로의 이익을 지키기 위해
어떤 노력을 했는지 곰곰이 생각해 보렴. 혹시
남성들이 멋대로 하도록 자신을 방치해 둔 것
은 아닐까?

여성은 문제에 정면으로 대항하는 일을 두려
워하여 남성들의 횡포에도 단지 불평만을 늘어
놓을 뿐 맞서는 일이 좀체로 드물지 않더냐?
그래, 차분히 생각해보면 엄마말이 옳다는 걸
알게 될 거야.

여성은 오페라를 연주하지 않았으며, 불후의
명화를 그리지도 않고, 비행기도 발명하지 않
았으며, 정치를 하지도 않았다. 다만 그러한
업적을 남긴 사람들을 낳고 기르고 교육시키긴
했지만 말이다.

요즘들어 여러 가지 악조건에도 불구하고 여
성이 다소나마 우월감을 회복하려는 노력을 기
울이는 듯해 다행이야. 주부들이 남편을 향하

여 고쳤으면 하는 부분을 허심탄회하게 말하고 고쳐줄 것을 요구하는 일이 흔히 발견되잖니?

여성이 남성에게 뒤떨어지지 않는다고 생각하는 데에는 그럴 만한 근거가 있다. 너희들도 알고 있을 거야. 여성은 남성에 비해 임기응변이 뛰어나고 성실하며, 인내력이 있음을. 또한 매우 실질적이기도 하고 말이다. 그리고 무엇보다 엄마가 말하고 싶은 것은 여성은 남성의 어머니이기도 하고 남매이기도 하며, 애인이기도 하다는 사실이야. 즉 그만큼 남성을 잘 이해하는 장점이 있다는 이야기이다.

남성이 자신의 강함을 잘 알고 있는 것처럼, 우리들은 그들의 약함을 잘 알고 있지. 우리는 남성들이 거침없이 돌진하는 모습도 보지만 한편으로는 그들이 투정 부리는 모습도 함께 보곤 하잖니. 지체 높은 사람이 셔츠 차림으로 자기가 벗어놓은 양말을 찾아 헤매는 모습을 보면 참 우습지. 그러나 여성이 거들어주면 금방 그 양말을 찾아내곤 한다.

남성의 힘을 사랑하자
딸들아, 그렇다면 여성은 앞으로 어떻게 될

지 궁금하지? 여성이 완전무장을 하고 경기장 안으로 들어갔으니 조만간 세상이 온통 뒤바뀌어 질까? 남성의 뒤에서 조력자였던 여성이 넘버 원의 남성과 대등한 관계가 과연 성립할까?

이제부터 우리는 서로 손을 잡고 상대를 이해하도록 하자. 그리고 상대를 받아들이도록 노력하자. 상대의 희망과 공포와 꿈, 그리고 약한 모습까지도 받아들이자. 남성과 여성은 서로 헐뜯거나 서로를 무조건 부러워해서는 안 된다. 상대방의 특질을 이해하고 어우러지는 일이 중요하지. 어느 쪽이 더 우수한가를 문제 삼는 것은 진부할 뿐이니 이를 명심하렴.

아마도 너희들 세대는 엄마 세대보다 더 능숙하고 더 솔직하게 남녀간의 유대관계를 맺게 될 것이다. 엄마의 말을 기억하렴. 남녀는 서 로 사랑하고 서로의 약점은 보완해 줄 의무가 있어. 그러다 보면 서로에 대한 질투심은 사라지고 완전한 결합이 이루어지게 된단다. 보다 강한 힘을 낳게 되는 거야. 진심과 진심의 결합이 보다 좋은 세계를 형성한다는 사실은 새삼스레 말하지 않아도 알고 있으리라 믿는다.

애들아, 아직도 여성이기에 받는 스트레스가

있지. 그러나 그런 일을 속상해하기만 해서는
소용이 없단다. 자, 이제부터 암흑을 저주하지
말고 어서 빨리 등불을 켜도록 하렴. 오늘을
살아가는 현명한 여성이라면 당연히 그래야지.
너희 세대가 바로 그 첫번째 성냥불을 그어당
기는 역할을 맡고 있다고 엄마는 생각해.

　바람이 불어 등불이 꺼지지 않도록 잘 지켜
보렴. 엄마도 곁에서 도와줄게.

＊ 딸들의 의견 ＊

　여성이 남성보다 단연 낫다고 생각했어요.
지금의 제가 여자니까요! 그러나 엄마의 말씀
을 듣고보니 남성에게도 여성에게도, 모두 장
단점이 있다는 생각이 들어요. 그러므로 어느
한쪽이 더 낫다고 말할 수는 없겠지요.

-시시-

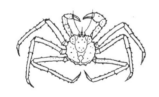

2. 이성은 서로에게 멋진 상대이다

〈굴레로부터 남성을 구하는 것은 여성의 부드러움이다〉

나는 남성이 정말로 남자답고
추진력이 있을 때 아름다움을 느낍니다.
아, 저토록 힘이 세고,
어린애다운 천진난만함이라니.

-프랑스와즈 사강-

여성은 남성에 대해서 다음과 같이 말하기
때문에 자신이나 남성에게 손해를 입힌다.

"남자는 언제나 어린이예요"

"남자 아이의 장난감은 여자 아이의 장난감
보다 훨씬 비싸요"

"남자답지 못하게 그게 뭐예요"

어떤 면에서 이러한 말들은 공평성에 크게
어긋나 있다. 남자가 모두 그런 건 아니니까.
일반론이란 오히려 부정확할 수가 있고, 그래

서 불공평한 법이지.

남성과 여성은 물론 차이가 있다. 욕망이나 능력이나 자부심이 각각 다르니까 말이다. 이런 자연스러운 차이를 어떤 장벽으로 규정짓고 있다면 이는 금물이다. 나이가 들어가면서 엄마는 이 문제에 대해 많은 생각을 하게 되었단다.

인류의 반은 남성이고 결코 그들을 과소 평가하거나 오해하지 말기 바란다. 남성과 함께 생활하고, 사랑하고, 서로의 가능성을 존중해 주어야 행복해질 수 있는 것이다. 남성과 여성은 적대관계가 아님을 명심해야 한다.

감정을 억제하는데 익숙해진 남성들

엄마가 생각할때 남성은 대부분 사회적인 성공을 인생의 목표로 삼고 또한 그러도록 배우며 자라나는 것 같다. 모든 문제가 직업적인 성공으로만 집중되어 그것을 이루었을 경우 마치 인생 자체가 성공한 듯이 취급되기도 하지. 그 반대로 직업적인 성공을 이루지 못했을 경우에는 자신의 모든 인생이 실패했다는 자책감에 빠지기도 하고 말이다.

이는 남성을 편협하게 만들 수 있어. 행복이

나 성실을 귀중하게 생각하지 않고 단지 목표
만을 향하는 인간은 위험한 요소를 많이 내포
하고 있단다.

엄마는 성공을 목표로 삼는 그 태도 자체를
문제삼는 게 아니야. 오로지 저돌적으로 그것
만을 추구한 나머지 다른 인생 체험을 무시하
는 태도, 그래서 외곬수가 되는 현실을 안타까
워하는 거란다. 이러한 태도는 야심의 상승과
함께 극도의 고통을 수반하기 쉽다.

어려서부터 성공만을 지향하면 성장하면서도
늘 그것에 모든 시간과 정열을 쏟게 되지. 그
러나 부와 명성은 생각처럼 쉽게 얻을 수 있는
게 아니고 또한 그 욕구는 점점 커져서 짜증이
나기도 한다.

사회 전반에 걸친 성공의 추구와 자신의 야
망에 얽매여 인생은 일로만 구성되어 있다는
극단적인 생각까지 할 수가 있음을 주의해야
한다. 그리고 어느 만큼 성공을 거두게 되면
여성의 환심을 살 수 있다는 말을 주입받았기
때문에 오히려 훌륭한 유대관계를 해치는 결과
를 낳기도 해.

로라야, 브론빈, 어떻게 보면 남성이 좀 안
됐다는 생각이 들지 않니?

다음으로 장애가 되는 두 번째 프로그래밍은 남성은 결코 감정을 나타내서는 안 된다는 거야. 남자는 어려서부터 〈사내아이는 울어서는 안 돼〉라는 말을 들으며 자랐고 아기 때부터 힘센 남자가 되어야 한다고 세뇌교육을 당하여 왔다.

어떤 일에 목석처럼 담담하며 감정의 변화없이 생활하는 것을 남성다운 것으로 취급하지. 감정이란 나약한 여자애들이나 갖는 쓰잘데 없는 것, 그래서 배재해야 한다고 귀에 못이 박히게 듣고 자라온 까닭이다.

따라서 감정적인 남성은 같은 남성간에도 좋지 못한 평판을 받곤 한단다. 하지만 생각해보면 이것이 얼마나 불공평한 십자가를 짊어진 일인지 아니?

바로 이러한 '남성은 감정을 나타내서는 안 된다'는 것 때문에 남성이나 여성 모두가 함께 손해를 보고 있다고 생각지 않느냐. 이러한 것들은 남성에게 중압감을 심어준다. 소리 내어 울지도 못하고 노여움이나 무서움도 발산하지 못하며, 게다가 기쁠 때 큰 소리로 웃어서도 안 되니 참으로 딱한 일이지?

감정의 변화를 드러내는 것은 남성답지 못

하다는 선입관 때문에 친구들에게 툭 터놓고 이야기하지도 못하고 바위처럼 살아야 한다니 여성인 너희는 상상이나 할 수 있겠니?

사회가 남성에게 가혹한 운명을 내려준 셈이다. 그들이 사랑이라는 것을 느끼게 되면 어떨까? 사랑은 감정이고 그들은 아무런 훈련도 받지 못했으므로 난처함을 느끼겠지. 느닷없이 격정적인 파도에 휩쓸려 어쩔 줄을 모르게 될 가능성이 높다는 말이다. 사랑하는 사람에게 자기의 감정을 솔직히 말해야 함에도 그러지 못하고 혼자 속앓이만을 하니 얼마나 불쌍한 일이냐? 남자들은 이제껏 자기 감정에 한 번도 충실한 적이 없었으므로 더욱 혼란에 빠지는 거야.

남성은 어려서부터 사랑에 빠지는 것, 솔직하게 감정을 말하는 것, 이성보다 감성이 앞서는 것을 삼가해야 한다고 배워온 까닭이다. 남자답다는 것은 오로지 성공이나 힘과 관계가 있다고 주입받아왔기 때문에 무의식중에 그런 생각이 자리잡게 되는 거란다.

여자는 요물이 아님을 알려주자

사랑하는 딸들아, 엄마가 생각하기에 가장

큰 문제는 남성이 여성을 신용하지 않도록 가르침을 받는 데에 있다. 이런 식의 가르침은 물론 사회 전반에 걸쳐서 형성되지만 그 가운데서도 남성의 어머니인 여자가 그렇게 말하곤 한단다. 여자는 요물이고 덫을 놓아 남자를 유혹하려 한다고 말이다. 그래서 쓸만한 남자를 붙잡으면 결혼을 해서 편안해지려고 늘 눈을 부라리고 있다는 주장을 펼치는 거야.

대부분의 남성들은 현명한 아내를 얻으려면 돈과 권력만이 필요할 뿐, 애정이나 헌신 그리고 지성이나 감수성 따위는 필요없다는 가르침을 받는단다. 이러한 교육 방법이 아주 오랜 세월동안 계속되어 오면서 어느새 여성들까지 그러한 사상에 젖어 버린 경우가 종종 있으니 걱정을 하지 않을 수가 없다.

너희들은 이렇게 말하겠지. '그럼 우리 여성들은 어떻게 해야 되죠?'라고 말이다.

딸들아, 먼저 남성의 말에 귀를 기울여 주고 성실한 자세로 대화를 유도하렴. 그리고 그들에게 우리가 그들의 눈부신 성공만을 사랑하는 게 아니라 그들 자체를 사랑한다는 사실을 알려 주어야 한다. 여성도 상냥하고 진솔하게 남성과 대화하는 것을 익혀야 해. 괜한 거짓말이

나 허풍은 아무런 도움도 되지 않는다는 사실
은 말하지 않아도 알고 있겠지?

남성의 뿌리 속에 약간의 야만적인 경향이
조금 남아 있더라도 여성이 그것을 적절히 콘
트롤하여 현실적인 인간이 되도록 도와주어야
한다. 그리고 너희들이 아들을 낳으면 그들에
게 참다운 남자란 힘과 성공만을 추구하는 게
아니라 사랑도 함께 간직해야 함을 가르쳐 주
렴. 그럴 때 비로소 남성이나 여성이나 상대방
을 진심으로 사랑하게 되는 거야.

✳ 딸들의 의견 ✳

저는 남자가 최고라고 생각해요.

-로라-

어머니 세대와 비교하면 지금은 남자의 사고
방식이 많이 개선되어 보다 나은 커뮤니케이션
이 가능해졌어요. 나에게도 친한 남자 친구가
몇 명 있지요. 남자나 여자나 서로가 정직하게
만나는 일이 중요하겠지요.

-브론빈-

3. 사랑은 언제나 커다란 주제

〈사랑의 모험, 정열, 신비, 허무, 기쁨, 그것의 완성은?〉

성에 관한 이야기를 들려줄 때,
어른들은 왜 사랑에 관한 부분은
전적으로 무시를 해 버리는지
이해할 수가 없어요.

-어느 소녀-

엄마는 이제부터 〈사랑〉에 대해 이야기하려
한다. 이 세상에서 사랑보다 강한 것이 있을
까? 엄마는 인간이 경험하는 일 가운데서 사
랑이 가장 심오하고 아름다운 것이라고 생각
한다.

시시야, 너는 사랑을 무엇이라고 생각하니?
엄마는 사랑이 생기를 불러일으키고 따스함과
관대함을 주는 신비스런 보물이라고 생각해.
그것은 이따금 기적을 행하기도 하지. 너는 사

랑이 어떤 역경에도 굴하지 않고 생사를 초월하여 이루어지는 모습을 보았을 거야.

사랑이란 아주 대단해서 그것을 소유한 사람에게는 강철 같은 힘을 준단다. 딸들아, 이 문제에 대해 함께 생각해 볼까?

젊은이들은 참다운 사랑과 단순한 성적 매혹, 또는 일시적인 사랑의 열병을 어떻게 구분하느냐를 놓고 많은 고민을 하곤 한다. 추측건대 너희들도 머지않아 성적 매력을 느낄 만한 멋진 사람을 분명히 만나게 될 거다. 당연한 일이지만 여성이 가진 성적 능력은 민감해서 자극에 금방 반응을 나타내지.

또한 사랑은 심오하기 그지 없단다. 사랑은 형태가 없으므로 잡을 수도 없고, 설명할 수도 없는 미묘한 감정이야. 그리고 사랑의 기쁨이란 다른 어떤 감정과 비교할 수 없을 만큼 가슴 벅찬 거란다.

일시적인 사랑에 빠져 있을 때 우리는 흔히 그것을 진실한 사랑이라고 여기곤 하지. 그러나 그런 사랑은 아무리 열렬해도 세월의 시련과 고난에 쉽게 무너지고 말아. 순간적인 사랑은 육체와 감정의 소용돌이에 지나지 않는다는 것을 명심해야 한다. 당사자는 참사랑이라고 착각할지 몰라도 그러한 사랑은 시간의 흐름과 함께 사라져갈 뿐 결코 더 타오르지는 않게 되는 거야.

동서고금을 통해 참사랑과 감정의 유희를 구별하는 가장 좋은 방법은 시간이다. 우리의 격언 중에 '서둘러 결혼하고 천천히 후회한다'는 말이 있어. 서로의 관계가 참된 것인지 그렇지 않는 것인지는 시간이 흘러감에 따라 사랑이 더욱 솟아나느냐, 아니면 차츰 사그라드느냐에 달려 있단다.

사랑이 가져다 주는 것

그런데 안타깝게도 실제로 자신이 몸소 체험하기 전까지는 참사랑과 거짓사랑을 구별하기가 매우 아리송하단다. 물론 간접 경험이라는 것이 있어서 남들로부터 듣거나 책을 통해 배울 수도 있지만 그런 방법 역시 한계가 있게 마련이지.

브론빈, 너는 남자를 만나면서 '난 이 남자를 사랑하고 있어'라고 생각한 적이 있겠지? 아니면 혹시 '이건 연애가 아니라 단순한 호의'라고 생각한 적이 있거나 말이다. 사랑을 포함한 세상의 모든 일이란 경험하기 전에는 알기 힘든 법이란다.

지금부터 엄마가 하는 말을 귀담아 들어보렴. 참사랑과 거짓사랑을 분별하는 방법을 알려줄 테니 말이다. 너의 경험이 참사랑이라면 다음에 말하는 다섯 가지 항목을 발견할 수 있을 거다. 사랑에 빠졌다고 생각하기 전에 먼저 살펴보기 바란다.

1)정직이 중요하다

먼저 상대방에게 정직하게 대했는가를 살펴보렴. 상대방의 관심을 끌고 싶어서 외모에만 신경을 쓰거나 가식적인 행동을 하고 있지는 않는가? 상대방에게 자신의 모습을 있는 그대로 보여 주었는가? 혹시 꾸며낸 모습으로 환심을 사려 했던 것은 아닌지를 생각해야 한다.

여성들은 자기의 감정을 속여야 한다는 생각을 하면서 성장하지. 상대방에게 사랑한다고 먼저 말하는 건 천박한 짓이라는 교육을 받으면서 말이다. 그러나 바로 이것이 너희에게 덫을 놓는 거야. 여성으로서 상대방에게 정직하게 굴 필요가 있음을 명심하렴. 있는 그대로를 보이면 상대방을 잃을까 염려가 되니?

정직한 모습으로 사랑을 할 때 비로소 사랑

이 결실을 맺게 됨을 너희들도 터득할 날이 오리라 믿는다.

2)사랑쌓기

사랑하는 딸들아, 너희가 사랑한다고 생각하는 상대방과 너는 똑같이 서로를 아끼고 있느냐? 혹시 둘 중의 한 사람이 아껴주는 일을 도맡아하고 나머지 한 사람은 사랑을 받는 일에만 급급해하지는 않는지 궁금하구나.

물론 칼로 자르듯이 똑바로 이등분하여 사랑을 준 만큼 정확히 받으라는 말이 아니다. 단지 일방적으로 베풀기만 하는 사랑이나 받기만 하는 사랑은 바람직하지 않다는 거야.

크든 작든 서로 주고받는 마음이 중요하단다. 서로를 생각하는 마음이 작은 벽돌이 되어 사랑이라는 이름을 가진 성을 쌓아가야 하니까. 이 때 정직이라는 시멘트가 벽돌과 벽돌 사이를 튼튼하게 받쳐 주어야 함은 말할 나위가 없겠지? 자, 이제 사랑의 성이 축조되는 날을 기쁜 마음으로 기다리자.

3)성장하기

너와 상대방의 관계는 점점 성장하고 발전하

고 있는지 자문해 보렴. 딸들아, 참사랑은 앞에서도 말했듯이 큰 힘을 발휘하는 법이야. 즉 수학에서는 하나 더하기 하나가 둘이지만 사랑의 법칙에서는 하나 더하기 하나가 다섯이나 열이 될 수도 있단다.

진정한 연인 사이의 연대 관계는 우리를 지탱시키는 힘이 된다. 그것은 부유하거나 가난하거나, 건강하거나 아프거나를 막론하고 변함없이 지속되는 끈이지.

4)상대방이 소중한가

엄마는 너희가 사랑하는 사람이 난관에 부딪혔을 때 그를 보호하려는 마음이 저절로 생겨나는지, 그리고 상대방은 너를 항상 지켜주려 하는지 알고 싶구나.

물론 참사랑을 하고 있다면 당연히 '그래요'라는 대답을 하겠지. 사랑하는 딸들아, 다시 말해서 너의 인생에 상대방이, 그리고 상대방의 인생에서 네가 얼마나 소중한 사람인가를 생각해 보렴.

5)위로가 필요하다

사랑에는 따뜻한 위로가 담겨져 있단다. 어

려운 일에 직면했을 때 사랑하는 사람이 옆에
있다는 사실만으로도 마음이 든든하고 힘이 솟
는 것을 느낀 적이 있니? 그런 기쁨은 성(性)
의 개념을 초월하는 거란다.

사랑하는 남자를 만나게 된 여성은 이런 말
을 하지.

"인생이 이렇게 장미빛이고 내 삶이 이토록
평온한 위로로 가득차 있는지 미처 몰랐어요."

이 말은 사랑하는 사람 사이의 결합은 사고
방식과 감정까지 비슷해져서 충복된 느낌을
준다는 거야.

멋진 사랑은 우정으로 이어진다

사랑은 꽃과 같아서 싹을 틔우고 꽃을 피
운다. 그러나 다행히도 사랑의 꽃은 결코 시들
지 않는다는 특성을 가지고 있지. 참사랑을 구
별하는 것은 뭐니뭐니해도 시간과 헌신적인 마
음이야.

아일랜드 시인 토머스 모어는 사랑에 대해서
다음과 같은 시(詩)를 남겼다. 이 시는 폐결핵
으로 인해 미모를 잃어버린 여성이 남편의 사
랑을 잃을지도 모른다는 불안에 싸여 있을 때
그 남편이 아내에게 자신의 마음을 알려주기

위해 적은 글이다.

믿어주오,
오늘 사랑스런 당신의 고운 얼굴이
내일이 되면 변할지라도
요정이 내린 짓궂은 선물처럼
사라져 갈지라도
그대만이 나의 보물, 내 사랑 영원하리

어여쁜 얼굴이여 변할 테면 변해라
나의 혼은 푸른 담쟁이가 되어
그대의 폐허를 덮으리니
그대 향한 사랑, 언제나 변함없네
그대의 볼이 눈물에 젖을 때도 변함없으리
진실한 사랑을 아는 나는
잊지 않을 거라네
영원히 사랑할 뿐

태양을 도는 꽃, 태양이 지더라도
태양의 신이 깨어나는 아침에
그 꽃잎 빛 향기 변함없듯이

이 시는 고풍스러운 표현을 쓰고 있지만 그

속에 담긴 감정은 그때나 지금이나 변함이 없을 것이다. 그런데 최근 증가하는 이혼율을 보면 사람들에게 영원한 사랑이란 이미 존재하지 않는 게 아닌가 하는 회의적인 생각이 들 때도 있다.

사랑하는 사람을 고를 때는 상식적인 말인 것 같지만 무엇보다 자기 자신을 잘 알고 자존심과 상식을 갖는 일이 중요하단다. 그리고 여성 특유의 직관력으로 애정을 파악하면 건전한 사랑으로 충분히 이끌 수 있다.

또한 시간을 두고 차분하게 살펴보는 일도 아주 중요하단다. 서두르지 않고 세밀한 부분까지 서로를 관찰하는 태도가 필요한 거야.

소설이나 영화에서는 흔히 남자 주인공과 여자 주인공이 첫눈에 반해 사랑의 불꽃을 태우곤 한다. 하지만 실생활에서 첫눈에 반하는 일은 드물단다. 우정으로 출발하여 애정으로 발전되는 경우가 오히려 더 많을 거라는 생각이 든다.

또한 순간적인 감정으로 사랑에 빠지는 경우는 며칠이 지나 자신을 추스리고 이성이 생기게 되면 여러 가지 단점들이 보일 수도 있다는 사실도 기억해 두렴.

딸들아, 사랑을 시작하면서 상대방을 검토하고 분석하기란 어려운 법이란다. 사랑에 심취해 있을 때는 누구나 자기 감정에 눈이 멀어 있는 상태이기 때문이다. 조심하렴. 그런데 사랑이 참된 것이라면 이윽고 사랑 안에 진정한 우정이 함께 싹틔게 될 거야. 친구가 될 수 없는 사람과 평생 지내기란 불가능하잖니? 상대방과의 관계를 자기자신이 어떻게 생각하는지도 중요한 부분이다. 이제부터라도 신중히 관찰해 보렴.

사랑하는 딸들아, 너희는 처음 사랑을 느꼈을 때 어떤 기분이 들더냐? 아마도 머리가 빙빙 도는 듯 했겠지. 하지만 진정으로 사랑하게 되면 마음이 차분해짐을 느끼게 된단다. 내 옆에 누군가가 나를 위해 존재한다는 사실만으로도 마음이 든든해지는 법이지. 영혼과 영혼의 결합, 이처럼 숭고한 게 있을까?

사랑은 인생에 있어서 가장 산뜻하고 신나는 경험이다. 너희는 앞으로 세상을 살아가면서 여러 종류의 사랑을 겪게 될 거야. 사랑에는 모험이, 정열이, 신비로움이, 덧없음이, 기쁨이, 슬픔이 모두 포함되어 있으니까 말이다.

엄마는 너희들이 앞에 말한 내용을 마음속에

담아두어 남성을 선택할 때 참고했으면 싶구나. 그리고 엄마는 너희가 선택한 남성이 언제까지나 변함없이 너희를 사랑해 주기를 진심으로 바라고 있다.

✻ 딸들의 의견 ✻

사랑은 사람을 행복하게 해주죠. 그것은 또한 〈함께 있음〉을 의미한다고 배웠어요. 저도 이제부터 사랑하는 사람을 믿겠어요.

-시시-

사랑에 있어서 가장 불만스러운 것은 그것과 다른 것의 구분이 모호하다는 거예요. 즉 사랑과 누군가에게 안겨보고 싶은 충동을 구별하기 힘들어요. 어쩌면 좋죠? 더구나 "난 아이스크림이 좋아" 하는 것과 "난 네가 좋아" 하는 것은 전혀 다른데도 단지 〈좋아〉라는 말로 대신할 수밖에 없잖아요. 인류의 탄생과 함께 시작된 사랑이 무엇을 뜻하는지 그 정의를 좀더 명확히 내려야 하지 않을까요.

-브론빈-

4. 성(性)을 바르게 생각한다

〈서로 이해하고, 애정을 길러온 남녀의 자연스런 행위〉

성이란
호흡하고 식사하는 것과 같이
자연스러운 행위이다.

-윌리엄 마스타즈-

로라야, 지지야, 너희는 성에 대해 어느 만
큼 알고 있니? 대부분의 부모들은 성교육이
중요하다는 사실은 알고 있으면서도 자녀에게
제대로 알려주지는 않으려 하니 걱정이다. 엄
마는 최근 이 세상 부모를 난처하게 만드는 기
이한 현상을 보고 조금 놀랐단다. 그것은 성이
중요한 의미를 갖게 되는 나이가 되면 아이들
은 이미 그 문제에 대해서 만큼은 부모를 기피
한다는 거야.
　다섯 살 정도가 되면 아이는 부모에게 성에

대해 여러 가지 질문을 한다. 그리고 열 살 정도가 되면 자신보다 성에 대해 무지한 아이에게 자랑스럽게 성지식을 알려주려는 습성이 있다. 그러다가 십대 중반이 되면 성에 관한 얘기에 숨이 막힐 듯한 표정을 짓곤 하지.

그리하여 사랑에 대해, 성욕에 대해 화제를 삼으려 하면 딸들은 제각기 핑계를 대며 서둘러 방을 나가 버린다. 부모와 그런 이야기를 나누는 것을 수치스럽게 생각하는 것 같더구나.

내가 이 글을 쓰기 시작할 무렵 너희가 남자아이에 대해 관심이 많다는 걸 알고 있었지만 성에 대해 구체적으로 어떤 생각을 갖고 있는지 알 수는 없었어. 성에 대해 조금만 이야기할라치면 너희가 잽싸게 방을 나가 버려 엄마는 당황을 많이 했단다. 나의 이야기 방법이 잘못됐나 싶어 걱정하기도 했지. 그러나 최근에 들어서는 엄마 말에 조금씩 귀를 기울여주는 듯해서 다행으로 생각하고 있다.

엄마가 너희 나이였을 때는 성이라는 것이 표면상으로 존재하지 않았단다. 성에 대한 토론은 생각조차 할 수가 없었지. '정숙한 여성'은 성에 대해 이야기하거나, 관심을 갖거나,

생각을 하면 큰일난다고 여겼으니깐 말이다.

그 당시 십대의 여성은 자신이 적극적으로 나서는 것은 절대 안 된다는 가르침을 받았기 때문에 수동적으로 기다리는 입장에 있었어. 성에 대해 궁금한 것이 있어도 그런 생각을 하는 자체를 부끄러운 일로 치부했지.

엄마가 십대일 때는 성에 관한 정보도 거의 없다시피 했다. 지금은 서점이나 도서관에 성에 관한 책이 그런대로 많이 있지만 그 당시는 엄두도 내지 못했어.

또한 성을 금기시하는 풍토는 남성보다 여성에게 훨씬 강했단다. 여성에게는 지극히 엄하고 남성에게는 관대한 이중적인 도덕 규범이었지. 그래서 남성에게는 성경험이 흉이 아니었지만 여성에게는 엄격히 금지 되어 있었단다. 그럼에도 이러한 이중적인 규범을 아무도 고치려 하지 않았단다.

성이 남성의 특권은 아니다

딸들아, 엄마는 이제부터 우리 세대의 기이한 풍습 하나를 이야기해 주마. 엄마 세대에는 성의 문제에 있어서 모든 특권이 남자에게 주어져 있었지. 즉 그들이 성을 원하느냐 원하지 않느냐의 문제였어. 여성은 오로지 남성의 소망에 따라 행동하도록 가르쳐지고 은연중에 그러도록 길들여 진거야. 그리고 남성을 존경의 눈으로 바라보도록 가르침을 받았단다.

지능지수나 상식과는 상관없이 단지 남성에게는 그저 무턱대고 "당신은 근사해요"라고 말하도록 배우기도 했다. 또한 "그런 말만을 되풀이하여 상대방을 우쭐하게 만들어라. 너는 상대방이 하는 이야기에 감탄의 눈빛으로 바라보고만 있으면 된단다. 그러면 상대방은 네가 좋아져 너에게 데이트 신청을 해올 거야"라는 말을 가정이나 학교에서 늘 듣고 살았다.

딸들아, 이런 생각들이 얼마나 무모한지 너희는 잘 알고 있겠지. 공감대를 형성하지 못하는 사람과 이런 식으로 만나는 것은 결국 시간만 낭비할 뿐이란다. 이런 거짓에 찬 만남은 당장 그만두어야 한다. 그런데 놀랍게도 이런 나쁜 관습이 아직까지도 한 구석에 남아있는 듯해 안타깝구나.

엄마 생각에 그건 남학생과 여학생의 성에 관한 생각 자체가 조금 다르기 때문일 거야. 십대의 소녀는 아직도 성을 〈미경험의 영역〉으로 취급하고 로맨틱한 감정을 성과 동일하게

생각하지. 그러나 남학생은 욕망과 흥미를 좀
더 구체적으로 느낀다.

물론 여학생에게 남학생과 같은 욕망이 전혀
없는 건 아니란다. 그러나 확실히 차이가 있기
는 해. 이러한 성에 대한 차이는 결혼할 나이
가 되면 어느 정도 비슷해 지지만 어쨌든 십대
의 청소년은 서로 추구하는 바가 다르니 명심
하렴.

이 시기를 별 탈없이 넘기는 비결을 가르쳐
줄 수 있다면 좋으련만 그런 비법은 없으니 성
에 관해 무엇을 선택하고 그 방법이 어떤 것이
어야 하는지만 알려주겠다. 너희에게 도움이
되었으면 싶다.

직관으로 인간성을 파악한다

사랑하는 딸들아, 너희들은 사귀고 싶은 남
자를 어떤 식으로 결정하니? 여자 친구를 선
택하는 것처럼 똑같은 기준으로 남자 친구를
선택하는지 궁금하구나. 그러나 실상 그렇게
행동하는 사람이 드물다. 너희 또래의 여학생
은 남자 친구가 무작정 그리워지기도 하니까.
그래서 소위 남자면 다른 여건은 상관없이 그
냥 무조건 동경하기도 해. 그 나이에는 남자라

는 그 자체가 흥미의 대상이니까. 여자와는 다른 특성이 매력적으로 보이고 리더십에 마음이 끌리기도 하지.

엄마가 가장 먼저 해주고 싶은 충고는 자신의 직관력을 신용하라는 거야. 선과 악, 현명함과 어리석음을 가려주는 네 마음속의 울림소리에 가만히 귀기울여 보라는 이야기이다.

그래서 잠깐 끌렸을 뿐이라면 과감히 그 상황을 피해가야 해. 만약 직관적으로 '저 남자는 어딘지 마음에 걸려'라는 생각이 들면 그 남자로부터 과감히 벗어나야 한다. 마음의 소리는 의외로 정확해서 그대로 움직이면 대단히 유용하단다.

딸들아, 남자 친구이든 여자 친구이든 올바르게 고르는 일이 중요함은 내가 새삼스레 말하지 않아도 잘 알고 있으리라 믿는다. 내가 이렇게 친구 고르는 일에 신중하라고 충고하는 이유는 친구로 인해 너의 삶이 보다 행복해질 수도 불행해질 수도 있기 때문이야. 신용이 가는 친구는 너의 인생을 즐겁게 해 주지만 간혹 세상을 살다보면 친구라는 이유로 오히려 괴롭힘을 주는 사람도 있으니 주의해야 한다.

사람을 볼 줄 아는 안목을 키우는 일이 반드

시 필요하단다. 여자 친구를 가려서 사귀듯이 남자 친구도 가려서 사귀는 것이 필요해. 남자 친구의 됨됨이를 유심히 살펴보렴.

자, 이제부터 눈을 크게 뜨고 귀를 쫑긋 세워라. 그래서 현실을 왜곡하는 일없이 올바르게 직시하라. 남자를 만날 때는 그의 외모나 옷상표에만 신경쓰지 말고 그가 무슨 말을 하는지, 어떤 생각을 갖고 있는지에 관심을 가져야 하니까 말이다. 평소에 하는 행동 하나하나가, 말씨 하나하나가 그를 평가하는 기준이 되어야 한다. 엄마가 무슨 말을 하고 있는지 이해할 수 있겠지?

성은 애정의 결과로 태어나는 것

너희들은 언제 성 체험을 해야 하는지를 놓고 고민한 적이 있느냐. 언제 경험하고 어느 정도까지 해야 하는지는 물론 사람마다 다르단다. 특별히 어느 시기가 정해져 있는 게 아니지. 개인이 생각하기에 지금이 알맞고 이 사람이 경험을 나누기에 가장 좋은 사람이라고 생각될 때가 있으면 그것이 가장 적합한 시기이지. 그러나 침실을 함께 사용하는 이성은 너희를 인정하고 사랑해주는 사람이어야만 된다.

즉 너희의 평생 반려자여야만 된다는 말이다.

우리는 가끔 성문제에 있어서 사회적으로나 친구들로부터 압력을 받기도 한다. 성이란 것은 호흡처럼 지극히 자연스러운 것이기는 하지만 그렇다고 해서 또 그것처럼 단순한 건 아니란다. 너희들 연령에 있어 성이란 알쏭달쏭한 것이지. 현대 사회에도 어느 정도 성의 압력은 있다고 본다. 이런 성의 압력에 적절히 대응하는 방법은 성의 자연스러움을 인정하는 것이다.

너희 세대에 문제가 되는 것은 성의 선택이 자연스러운 정도를 벗어나서 점점 실용주의적인 방향으로 흘러가는 데에 있다는 생각이 든다. 엄마 세대에 비로소 머리를 들기 시작한 성 혁명은 애초의 의도와는 달리 자꾸 나쁜 방향으로 나가고 있다. 그리하여 성 혁명은 오늘날까지 성적 압력으로 이어지는 거야.

딸들아, 엄마 세대가 표방한 성 혁명은 남녀의 관계가 진정한 의미로 친밀하게 되는 것이었다. 그런데 현재에는 성이 서로에게 친밀감을 주기는커녕 소외감을 심어주는 듯해 참 안타깝다. 남녀의 자연스런 결합과는 거리가 멀어진 현재의 성개념을 보면 엄마는 자꾸 속이상하는구나.

엄마가 십대의 너희에게 해주고 싶은 말은 성의 미로에서 방황하지 않으려면 친구로서의 남자를 제대로 이해하라는 것이다. 남자 친구와 건전하게 사귀면서 스스로를 보다 발전시킨다면 더할 나위없이 좋겠지. 남자란 무엇인지 스스로 판단하는 지혜도 기를 수 있다면, 또한 남자의 욕망이 무언지, 남자가 생각하는 것이 무엇인지를 터득하게 된다면 더욱 좋겠구나.

딸들아, 물론 남녀의 우정으로부터 출발하여 성적인 결합으로 이어지는 일도 있지만 이것도 반드시 결혼을 한 후에 그리 되어야 한다. 서로 아주 사랑한다고 생각하더라도 성이란 결혼과 함께 오는 것이어야 한단다.

너희는 남자를 사귀다가 어딘지 마음에 들지 않는 부분을 발견하게 되거나 '이게 아닌데' 싶을 때가 있을지도 모른다. 그렇다면 이것은 네가 아직 진정한 남자 친구를 만나지 못했다는 말이다. 또한 네가 생각하는 속도와 상대방이 생각하는 속도에 차이가 있다면 네 뜻을 주장한 권리가 있음을 잊지 말아라.

앞에서도 말했듯이 성은 자연스럽지만 단순

한 게 아니란다. 그러니 호기심이나 흥분으로 제멋대로 행동해서는 안 돼. 평생의 반려자와 함께하는 성만이 의미가 있음을, 그럴 때만이 떳떳할 수 있음을 기억하렴. 호기심으로 저질러지는 성적 행위는 큰 상처만을 남기고, '성의 기쁨'에 위배되는 일이다. 나아가 성은 신성한 것임을 명심하기 바란다.

먼저 우정을 키우는 것에서 시작하자

화학이나 물리는 실험을 하고 공부를 하면 알 수가 있고, 디즈니랜드는 직접 가보면 알 수가 있지. 그러나 성은 배우거나 직접 한다고 알 수 있는 게 아니란다. 왜냐하면 성이란 느끼는 것이기 때문이다.

엄마는 너희가 성에 대해 알 때 충분히 많은 시간을 두고 차근차근 알아나가기를 바란다. 우정과 사랑으로 출발하여 결혼을 하고 성적인 친밀감으로 이어진다면 이는 더없이 바람직하지. 성은 '뜻하지 않은 상황과 만나 도망치는 사고'가 아니야.

그런데 엄마는 요즘 참 걱정스런 이야기를 들었다. 요즘 젊은 아이들 중에는 단지 자기의 성 경험을 친구에게 자랑하기 위해서 그런 행

동을 하는 사람도 있다는 얘기를 들었다. 그래
서 남이 아직 못해본 것을 먼저 했다는 사실에
기쁨을 느끼기도 한다는구나. 이건 정말 불행
의 구렁텅이에 빠지는 일이야. 떳떳하지 못하
게 하는 성은 자연스럽지 못한 것이며, 자연스
럽지 못한 성은 또한 기쁨도 느낄 수 없어. 엄
마의 견해를 낡은 구시대적인 발상이라고 말하
지는 않겠지? 한 번의 호기심으로 또는 순간
의 그릇된 생각으로 몸과 마음을 상처입히는
일은 없었으면 좋겠구나.

　남자 친구와의 만남은 우정을 키우는 일로
출발하여야 하지. 처음부터 성을 의식하여 만
나는 행위는 매우 위험하고 자칫 파멸로 치달
을 수 있으니 조심하렴.

* 딸들의 의견 *

　걱정스러운 일이 많습니다. 우리는 성에 대
해 모르는 게 너무 많으니까요. 선생님께서는
의학적인 차원에서 가끔 이야기를 해주시죠.
인체의 구조에 대해 책에서 배우기도 하구요.
그러나 외설스런 잡지나 영화는 끔찍한 걸 보
여주어 성이 혐오스럽게 생각되기도 합니다.

저는 마음이 혼란할 때가 많습니다.

-로라-

"나는 어디에서 태어났지요?"라고 물으면
"황새가 날라다 주었지"라고 말하는 부모가 있
습니다. 저는 부모가 아이들에게 진실을 이야
기해야 한다고 생각해요.

-브론빈-

성은 두 사람만의 문제가 아닐까요? 성은
결코 게시판에 붙어 있는 광고 따위가 될 수는
없어요. 두 사람 사이에 생긴 일을 다른 사람
이 일일이 알고 간섭해서는 안 된다고 생각해
요. 또한 그것은 두 사람에게만 권리가 있고
둘 사이의 특별한 일이니 스스로가 알아서 해

결할 문제입니다.

-지지-

성은 아름다운 것입니다. 그러나 자신에게
적합한 시기를 선택해야만 되지요. 이는 결혼
을 하는 시기를 뜻하는 겁니다. 성이 허용되기
위해서는 반드시 결혼이라는 제도가 필요하다
고 생각해요. 사람들 중에는 낡은 도덕관을 가

진 사람도 있고, 성을 두려워하는 사람도 있습
니다. 그러나 옛날에 비하면 요즘은 성에 대해
어느 정도 정직해진 것 같아요.

-브론빈-

5. 행복한 결혼을 위하여

〈그와 함께라면 '사랑과 행복의 기쁨'이 있나요?〉

행복할 때도 불행할 때도,
풍요로울 때도 가난할 때도,
아플 때도 건강할 때도,
죽음이 두 사람을 갈라놓을 때까지
서로 사랑할 것을 맹세합니다.

-결혼 서약-

엄마가 젊었을 때는, 성이란 입 밖으로 꺼내어 얘기해서는 안 되는 것으로 그것을 금기시했단다. 그 결과 많은 처녀들이 성을 잘못 이해한 채 그릇된 결혼으로 이어지는 일이 빈번이 일어나곤 했지.

자신의 집에서 벗어나고 싶다는 일념으로 도망치듯 결혼을 했다느니, 결혼을 하면 진정한 어른이 될 수 있을까 하는 호기심에서 일을 저

질렸다는 사람도 있었지. 또한 어떤 처녀는 어차피 시집이란 가야만 하는 거니까, 부모님이 손자를 갖기를 원하니까, 혼자서 살기엔 기술이나 직업이 없으니까 결혼을 하기도 했어.

너희가 듣기에는 우스울지 몰라도 옛날에는 부모가 자녀에게 혼인할 상대를 일방적으로 골라주기도 했단다. 이런 식으로 결혼하는 경우가 엄마 세대에는 아주 많았다. 딸들아, 서둘러 하는 결혼은 '서서히 후회하는' 결과를 낳을 수 있어. 그 결과 이혼이라는 최후의 파멸을 맞이하거나, 아이들을 버릴 수 없어 어쩔 수 없이 참고 살아가기도 하지.

멋진 결혼은 기쁨을 가져다 준다

너희들 세대는 그릇된 이유로 인해 결혼하는 일이 없어야 한다. 올바른 이유로 결혼할 수 있는 혜택받은 세대인 거야. 결혼이란 제도가 과거와는 다르게 많은 변화의 과정을 겪었고, 그럼에도 아직 남아 있는 이유는 결혼에는 긍정적인 요소가 많기 때문이라고 엄마는 확신하고 있다.

결혼이라는 제도에는 어떤 장점이 있는지, 그리고 동거보다 결혼하기를 권장하는 이유가 무엇인지 지금부터 구체적으로 설명해 보겠다.
너희에게 도움이 되었으면 좋겠구나.

1)일체감

믿음으로 이루어진 부부 관계는 다소의 고충
이나, 의견 차이, 불만적인 요소에도 굳건히
일어설 수 있다. 함께 있다는 사실 하나만으로
도 충족된 느낌과 즐거움을 가질 수 있기 때문
이지.

말로 표현하기 어렵지만 자신이 아닌 또다른
사람과 함께 생을 꾸려나간다는 것은 여간 흥
미로운 일이 아니란다. 부부 사이에는 언어
보다 더 좋은 커뮤니케이션이 있는 거야. 오래
지속해도 싫증나지 않고 늘 새로운 감정이 샘
솟는 것이 결혼 말고 또 무엇이 있겠니?

2)결혼에 있어서의 성

자신이 깊이 사랑하는 사람과의 성 생활은
그렇지 못한 사람과의 성 생활보다 의미가 있
음은 당연하지. 부부가 친숙한 사이가 되어가
고, 연대감이 점점 깊어짐에 따라 성의 만족도
그만큼 커지는 거야.

결혼하면 성이 변한다고 말하는 사람도

많다. 엄마도 그 말에는 공감한다. 그러나 성이 나쁜 방향으로 변하는 게 아니라 긍정적인 방향으로 변한다고 생각해. 무조건적인 흥분이나 정열은 비록 줄어들지만 욕망이나 기쁨은 오히려 증가한다고 생각한다.

부부란 서로 사랑하는 두 사람이 긴 세월 동안 서로를 아끼는 일이 선행되어야 한다. 때로는 거칠고 정열적으로 서로를 사랑할 때도 있고, 때로는 자상하고 따뜻하게 서로 보일 듯 말 듯 사랑할 때도 있는 법이다. 그러나 이 모두는 사랑이라는 울타리 속에 존재함을 기억하기 바란다.

3)입장의 선택

한 사람의 남성과 자신의 경험을 나누어 갖는다는 건 현실적으로나 철학적으로 아주 흥미 있는 일이다. 이것은 모두 자기 스스로가 원해서 그렇게 된 일이다. 그러니 만약 너희가 결혼에 대해 두렵다고 느끼거나 원치 않거나, 내키지 않으면 그것을 택하지 않으면 되는 거지.

그러나 결혼을 선택하고 그것에 열중하는 사람에게는 대단한 보람이 찾아온다. 안정과 신뢰가 찾아오는 거야. 너희는 결혼을 무엇이라 생각하니? 결혼이란 육체적으로나 정신적으로 상대방과 하나가 되는 것이다. 그리하여 장래에 대한 전망을 밝게 하고 미래를 보다 굳건히 하는 디딤돌이 되는 거란다.

결혼이라는 제도 아래에 두 사람이 한 마음으로 생활한다면 어떠한 고난이나 불운도 헤쳐 나가리라고 생각한다. 사랑의 힘은 아주 강하기 때문이지.

엄마는 결혼하고 얼마 안 되어 네 아버지와 심하게 다툰 적이 있었단다. 어느 쪽도 양보하려 들지 않았으므로 상황은 악화되고 점점 말다툼은 거세어져 갔지. 우리는 침실에서 서로 노려본 채 서 있었어. 그러나 방을 나가려 하지는 않았지.

곧이어 너의 아버지가 입을 열었어.

"자, 이제 우리가 어떤지 알았지? 당신이나 나나 방에서 나가려 하지 않는다는 걸. 우리 중에 누군가가 나가면 그것으로 우리는 끝일 테니까."

딸들아, 네 아버지의 말 그대로란다. 우리 사이의 유대가, 우리 사이의 애정이, 순간적인 노여움보다 훨씬 소중했던 것이다.

엄마는 그 뒤부터 어려움에 직면하면 이 말

을 떠올리곤 했단다. 그래서 힘든 일에 봉착했을 때도 서로를 파괴시키는 어리숙한 행동은 하지 않게 되었지.

4)성장

많은 사람들이 결혼과 권태는 서로 밀접한 관계가 있다고 생각하고 있다. 어떤 사람은 "그 누구도 평생동안 한 사람에게만 관심을 가질 수 없다. 사람은 언젠가는 싫증이 날 수밖에 없다"라고 말하기도 한다.

그러나 엄마는 그렇게 생각하지 않는단다. 반려자에게 분명 몰랐던 새로운 모습이 있을 테니까. 그것은 더없는 매력으로 작용하기도 하지. 자기의 반려자에 대해 모조리 알려면 평생을 가지고도 부족하단다. 서로를 이해하고 서로를 아는 일은 아주 흥미로운 일이야. 친숙한 사이일수록 이해심은 깊어지고 사랑은 증폭되어 진다. 세월이란 서로를 파악하는 데 도움을 주려고 존재할 뿐 서로를 싫증나게 하려고 존재하는 게 아니라는 사실을 너희들이 알았으면 좋겠구나.

시간이란 믿음과 동지애를 키워주는 것임을 기억하렴. 너희는 늙은 노부부가 외모도 닮아

가고, 의견도 아주 비슷해지는 경우를 보아왔
을 거야. 서로를 시간이라는 보물로 잘 가꾸어
서 견고하게 하나로 묶어둔 덕분임을 너희들도
알고 있겠지? 쌓아온 시간만큼 사랑도 쌓여감
을 기억하렴.

5)서로를 나누는 기쁨

금슬이 좋은 부부는 평생동안 서로를 마음으
로부터 아껴준다. 애들아, 엄마는 너희가 이
다음에 결혼해서 남편과 함께 대화도 많이 하
고 서로 진정으로 사랑하기를 바라고 있단다.

결혼이라는 것은 작은 일에도 기쁨을 준다.
들녘의 꽃 한송이를 꺾어주는 행동에서, 피로
한 등을 두드려주는 손길에서, 그리고 읽고 싶

은 책을 말없이 사다주는 모습에서, 우리는 무
한한 행복을 느끼게 되는 거야. 누군가가 너를
위해 마음을 써주고 있다는 것은 얼마나 기분
좋은 일이냐?

네가 힘들어할 때는 손을 뻗어 네 손을 잡아
주고, 피곤해 있을 때는 기운을 북돋아주고,
성공을 하면 칭찬을 해주고 이 얼마나 즐거운
일이냐? 말을 하지 않고 표정만으로 대화를
할 수 있는 상태가 되면 이는 정말 가슴 벅찬

일이다.

6)결혼은 멋진 일이다

내가 진정으로 말하고 싶은 것은 결혼이란 멋지다는 거야. 우리 곁에는 서로 만족하며 행복하게 사는 부부가 아주 많이 있지. 엄마가 결혼하기 전의 일인데 너희 아버지가 나에게 이렇게 말한 적이 있단다.

"당신은 괴짜이기 때문에 보통 남자와는 결혼할 수 없을 거야."

정말 엄마 생각에도 그랬을 것 같다. 행복해지기 위해서는, 그리고 만족스런 결혼 생활을 영위하기 위해서는 비슷한 성격의 사람을 찾아야만 하는 거야. 자신과 동떨어진 사고 방식을 가진 사람과 평생을 사는 사람은 아주 불행한 사람이지. 비슷한 성격의 소유자를 찾는 일이야말로 결혼을 참되고 행복하게 만들 수 있단다. 그럴 때만이 너와 내가 어우러져 막강한 힘을 발휘할 수가 있는 거니까.

＊ 딸들의 의견 ＊

결혼은 매우 멋진 것이죠. 어쩌면 인간이 생

각해 낸 가장 훌륭한 것이 아닐까요? 누군가
한 사람과 연애하고 결혼하고 또한 그 사람과
일평생을 함께 보내는 일은 멋진 일입니다. 신
혼의 단꿈이 영원히 지속되지 않는다 하더라도
역시 결혼이란 인생에서 최고로 가치있는 일이
라고 생각해요.

-로라-

저는 결혼해서 아이를 낳아 보고 싶어요. 한
남자에게 얽매인다는 불편한 점도 있겠지만,
좋은 점도 많을 것 같아요. 상대방이 나를 사
랑해주고 나도 상대방을 사랑할 수 있다면 그
것이야말로 행복한 일이겠지요.

-지지-

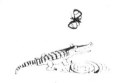

6. 사랑하는 사람에게 바라는 것

〈공평한 사람은 모든 미덕을 보증한다〉

한때 내가 여성이라는 사실때문에
두려움을 느낀 적이 있었다.
왜냐하면 그것은
남성을 상대해야 한다는
강박관념을 가지고 있었기 때문이다.

-죠세프 콘랩-

딸들아, 엄마는 어제 아침에 매우 현명한 여성과 식사를 함께 했단다. 그 여성이 한 말을 너희에게도 꼭 알려주고 싶구나. 엄마는 이 세상에는 훌륭한 여성이 아주 많은데 어째서 그런 여성에게 어울리는 남성은 이다지도 적은가에 대해 탄식하고 있었단다. (아직 기억하고 있겠지? 여자끼리 있으면 자칫 여성 우월주의자가 될 수 있다는 사실을).

그때 그녀가 이런 말을 하더구나. 여성의 기대가 현실과는 조금 동떨어져 있기 때문일지도 모른다고.

"남편이 시인이기를 바라는 동시에 그가 실업가로서 수완이 뛰어나기를 바라기 때문이 아닐까요?"

그 간단하면서 명확한 대답에 엄마는 정수리를 맞은 듯한 기분이 들었단다. 그 여성은 현실을 제대로 파악하고 있었지. 여성이 남성에게 무엇을 원하는가가 결혼의 성패를 크게 좌우한다는 생각이 들더구나.

사랑하는 남성에게 바라는 자질

여성은 사랑하는 남성에게 무엇을 바라는 것일까? 까다로운 문제이긴 하지만 엄마의 경험담을 여기에 적어볼까 한다. 물론 너희의 견해와 반드시 일치하지는 않겠지. 엄마의 경험담을 참고하기 바란다.

1)힘

남성에게 힘을 기대하는 것은 여성의 소망이라고 생각해. 힘들 때 의지할 수 있는 힘 말

이다. 그 힘은 남성의 마음속에 자리잡고 있으
므로 우리가 자연스럽게 흘러나오도록 유도해
야 한다. 제자리에 중심을 잡고 서있는 힘, 세
파에 흔들리지 않는 힘은 아름다운 것이다.

2)남성다움
너희가 사랑하는 사람이 남성적인 매력을 가
지고 있느냐 하는 것은 아주 중요한 문제이다.
즉 그가 건강한 남자인지 아닌지가 중요하다.
외모가 남성적이어야 한다거나 거친듯한 얼
굴을 해야 한다는 뜻이 아니라는 말이다. 자신
의 남성다움에 자신감을 갖고, 또한 남성으로
태어난 것에 만족하는지의 여부가 중요한 거
야.
우리 주위에는 남성다움을 잘못안 채, 그것
을 뽐내려는 사람이 많이 있다. 어떤 이는 짓
궂은 행동을 자랑하거나 자기 애인이 미녀임을
강조하며 잠자리를 같이한 여성의 숫자를 큰소
리로 떠벌리기도 하기. 그런 남자는 욕망에 이
끌려서 한 사람의 여성으로는 부족해 여러 여
자를 헤매다니는 셈이지. 여성 편력이 있는 사
람은 정말 조심해야 해.
남성다움이 어떤 것인지 제대로 알고, 그것

과의 융화가 적절히 이루어졌는가는 남성을 판단하는 가장 중요한 요소란다. 남성다움을 제대로 알고 있는 사람이라면 너희의 여성다움도 반갑게 받아들일 거야.

3)자신감

엄마는 남성에게 자신감이 필수적이라고 생각해. 여성과의 친분 관계를 올바로 유지하기 위해서는 남성이 자신의 가치관에 대해 자신감을 가져야만 하는 거야. 남성이 자신감에 차 있으면 네가 가진 능력이나 힘, 여성다움과 재능에 위협을 당하지 않게 되지. 그러나 남성이 자심감이 없으면, 그는 너의 존재에 위협을 느끼고 너를 배제하려 발버둥치며 네 존재를 작게 만들려고 애쓰게 된다. 너를 신뢰하지 않고, 너의 가치마저 작게 만들어 버리는 거야.

하지만 남성이 자신감을 가지고 있는 경우에는 모든 문제를 너와 연대감을 가지고 행하게 된다. 위험에 처했을 때 너를 위로하며 승리로 인도해주고, 네가 절망감에 빠졌을 때는 마음의 지주가 되어줄 것이다. 자심감에 차있는 사람만이 너의 미래를 풍요롭게 하는데 도움을 줄 수 있단다.

4)성실

남성이 성실하면 인생을 살아나가기가 훨씬 수월해진다. 그러나 만약 남편을 믿을 수가 없다면 그것은 모래 위에 누각을 쌓는 것과 마찬가지로 위태로운 삶을 살아갈 수밖에 없다. 너희가 사랑하는 사람이 성실하고 정직한 사람이기를 엄마는 기대하고 있다.

5)감수성

대부분의 남성은 여성과는 다른 일에 관심을 갖도록 어려서부터 훈련받아 왔다. 남성은 여성의 변덕에 호응해 주지 말라고 교육을 받았어. 그러나 우리 여성에게는 남성의 조수 역할이 주어졌다.

사랑하는 딸들아, 최고로 멋진 남성은 훌륭한 감수성을 가진 사람이란다. 상대방이 진실로 너를 사랑해준다면 네가 원하는 것을 직감적으로도 알 수 있을 것이다. 풍부한 감수성을 가진 남성은 여성과의 간격을 좁혀나가는데 큰 힘이 되는 법이지.

6)보호력

엄마는 여성은 사랑하는 남자에게 감싸여 보

호받을 필요가 있다고 생각해. 글쎄, 엄마 말을 들으면 여성해방을 부르짖는 여성운동가들이 격분할지 모르겠지만 보호받고 싶다는 바람은 대부분의 여성 마음속에 자리잡고 있는 게 아닐까?

딸들아, 몇 만년 동안이나 남자는 여자와 아이들을 지켜왔지 않느냐. 그러니 이것은 당연한 이치가 아닌지. 그런데도 이런 기본적인 것이 문명이 발달함에 따라 왜 달라져야 하는지 엄마는 알 수가 없구나.

7)공평

공평이라는 덕목은 말처럼 쉬운 게 아니란다. 또한 그런 만큼 아주 중요한 덕목이지. 이것을 갖춘 사람이라면 그 외의 덕목은 이미 갖추고 있다고 봐도 좋아. 네가 사랑하는 사람이 공평성을 가지고 있다면 두 사람 사이에 어떤 어려운 일이 벌어져도 헤쳐나갈 수 있을 거야.

8)목표가 같아야 한다

모든 면에서 상반되는 사람은 서로 매력을 느낄 수는 있지만 그것은 일시적일 뿐 그리 오

래가지는 않는단다. 목표나 꿈이 비슷해야 만
남이 즐거울 수 있다. 태어난 곳과 자란 환경
이 비슷해야 서로의 관심사도 비슷한 법이지.
물론 성장 과정이 다르다해도 마음이 잘 통하
는 사람이 있기는 하지만 말이다.

두 사람이 가려는 길이 다를 때 트러블은 심
화되고 짜증은 늘어나게 마련이야. 그럴 경우
여성이 양보하는 경우가 대부분이지. 물론 타
협하고 양보하는 것도 좋지만 그보다 더 좋은
것은 애당초 목표가 같은 것임을 기억하고 있
었음 좋겠다.

9)용기

너희는 분명히 남성에게 용기를 구하겠지.
그래, 용기란 아주 중요한 것이다. 세상을 지
배하는 용기가 아니라, 신념을 향한 용기, 어
려움을 극복해 내는 용기, 많은 반대 속에서도
혼자 일어설 수 있는 그런 용기를 말하는 거
야.

남성에게는 인생을 정면으로 헤쳐나갈 용기
가 필요해. 자기 내면의 목소리에 귀 기울이
고, 그에 따라 움직이는 지혜가 필요하단다.
의욕이 있는 사람에게는 인생도 하나의 시합이

지. 딸들아, 남편이 용기있는 사람이라면 너희
도 함께 용기를 얻게 될 것이다.

10)사랑하는 힘

오랫동안 여성들은 사랑한다는 단순한 능력
에 대해 남성을 많이 봐주었지. 사랑하는 일에
있어서는 남자나 여자나 하나도 다를 것이 없
는데 여성은 자기에게 문제가 있다고 생각하기
까지 했어.

여성은 자신이 남성에게 지나치게 애정을 요
구하기 때문에 문제가 발생한다고 자책하기도
했다. 여성의 요구를 모조리 들어줄 남자는 이
세상 어디에도 없다고 스스로를 납득시켜 왔던
거야. 즉 남성과 타협해 온 거지. 그러나 생각
해보면 사랑하는 단순한 능력은 남성이나 여성
이나 똑같아야 한다. 성숙한 여성에게 자신을
바치는 능력이 있듯이 마찬가지로 성숙한 남성
도 자신을 여성에게 바칠 수 있어야 해.

사랑은 여성이 집착하는 감정이라고 결론지
으면 안 된다. 네가 사랑하는 남성이 너를 정
열적으로 사랑해 주지 못한다면 그 남자는 너
와 어울리지 않는 남자라고 생각해도 틀리지
않는다.

11) 책임

책임을 질 줄 아는 남성을 선택하는 일은 너희의 의무라고 할 수 있다. 올바른 남성이라면 자기 자신의 인생에 대해 책임을 질 수 있어야 하니까.

인생의 분기점에서 방황하는 사람들은 자기의 선택에 책임을 져야만 해. 어리숙한 남성에게는 직업에 대한 능력이 갖추어져 있지 않지. 완전히 어른스런 남성이 되는 길은 직업적으로 책임을 완수할 때 가능하단다.

12) 정열

정열이라는 특성은 물론 남성을 보다 남성답게 하므로 엄마는 이 덕목을 특히 강조하고 싶구나. 내가 말하는 정열은 앞에 설명한 다른 항목들을 모두 포함하는 포괄적인 의미이기도 하다. 남성은 넓고 깊은 마음씨를 가져야 해.

여성을 뜨겁게 사랑해줘야 하듯이 자신의 삶 자체도 정열적으로 살아야 하는 거야. 어떠한 역경도 물리쳐 낼 정열이야말로 남성이 반드시 갖추어야 될 덕목이 아닐까? 이것은 비단 남성에게만 국한된 게 아니라 여성에게도 필요하니 매사를 정열적으로 살아가기 바란다.

자신을 관찰하고 배우자를 선택한다

엄마가 말하고 싶은 것은 대충 이정도란다. 물론 이것은 어디까지나 엄마의 개인적인 남성에 대한 견해이니까 그것에 너무 집착하지는 말았으면 좋겠구나.

너희는 앞으로 여러 부류의 남성을 만나게 될 거야. 그러니 미리부터 어떤 타입의 남성이 자신에게 어울리는지에 대해 현명한 판단을 내릴 수 있도록 연습을 해두기 바란다. 괜히 못마땅한 것에 타협하는 오류를 범하지 말고 네가 진짜 추구하는 남성이 어떤 형인가를 판단하여 그릇된 선택을 하지 않도록 하렴.

예를 들어보겠다. 세리라는 소녀는 시를 좋아하는 조용하고 내성적인 여자아이이다.

그녀는 예이츠 시집을 탐독하고 도서관 창문을 두드리는 빗방울 소리에 귀 기울이는 일이 많았었어.

그런데 세리는 속으로 랜스를 사랑하고 있었다. 랜스는 신체가 건장하여 미식 축구팀 주장을 맡고 있는 아이였어. 그런데 그는 예이츠를 옛날 축구 선수의 이름쯤으로 생각하고 있었지. 그 반면 허버트라는 남성은 세리를 좋아하는데 세리는 허버트를 본 체도 안하는 거야.

허버트는 예이츠의 장편시를 암송할 수 있으며
근교 도서관에 자주 가는 문학 청년이었다.

딸들아, 만약에 세리와 랜스가 결혼을 한다
면 어떨 것 같으냐? 매일매일이 따분하고 욕
구불만으로 가득찰 것은 당연하지. 서로가 생
각하고 추구하는 바가 너무 다르기 때문에 공
감대를 형성하기가 힘들 거야. 비록 어느 한쪽
이 상대방을 위해 양보하고 타협해 주었다 하
더라도 결코 그것이 영원할 수는 없지 않겠
니?

나에게 알맞는 남성은 어떤 부류인가를 알려
면 먼저 자신의 바람을 확실히 알아야만 한다.
네가 예술가를 원한다면 그에게 완력을 기대하
지는 말아야 해. 네가 회사 경영인을 원한다면
그에게 시인의 영혼을 바라지 말아야 하고 말
이다. 엄마 말을 이해할 수 있으리라 믿는다.

자신에 대해 알면 알수록 자신에게 어울리는
상대를 찾을 확률은 높아진다. 많은 남성을 사
귀고 인생의 경험을 쌓아 너희가 최종적으로
선택하는 남성은 소중한 사람이어야만 한다.
이는 행운에 의해 우연히 만나거나, 운명에 이
끌려 만난 사람보다 훨씬 값진 스스로의 성취
이니까 말이다.

* 딸들의 의견 *

사랑의 상대자가 정열가가 아니더라도, 나는 상관하지 않아요. 단지 내 마음으로부터 훌륭하다고 느낄 수 있으면 그것으로 충분하다고 생각해요. 사랑은 상대방의 결점이나 의견 대립을 용서해 주는 것이 아닐까요? 사랑은 가슴 떨리는 감정이고, 나와 상대방을 행복하게 만들어 주지요.

-로라-

제3장 신체에 대한 이야기

1. 정신과 육체의 유대관계

〈건전한 마음이 건강하고 아름다운 신체를 만든다〉

동양에서는 정신과 육체의 유대관계에 대해 수세기 전부터 관심을 갖고 있었다. 그래서 요가 수행자들은 정신력으로 맥박과 혈압을 조절하고 통증을 멈추며, 심지어 출혈까지 멎게 하곤 했단다.

그에 반해 서양의학은 정신과 육체를 별개의 것으로 취급했다. 그러나 최근에 들어서야 서로의 상관관계에 관심을 가진 소수의 사람들이 생겨났다. 즉 동양에서는 정신과 육체를 상호 관련성이 있는 것으로 취급하여 인간이 조절할 수 있음을 강조하는 대신, 서구에서는 별개의 실체로 취급하여 그 부분에 있어서 극심한 후진성을 면하지 못하고 있는 현실이다.

사랑하는 딸들아, 우리에게는 육체란 망가지기 쉬운 기계이며 그래서 자칫하면 못쓰게 된다는 생각이 팽배해 있다. 또한 정신과 육체를 별개의 것으로 취급해 왔기 때문에 오히려 정신이 육체에 지배당하는 기이한 현상이 벌어지기도 했다.

너희는 언젠가 이런 말을 들어봤을 거야.

"언제나 건강만 생각하면 걱정이 앞섭니다. 그래서인지 매사에 의욕이 없어지고, 아무리 노력해도 즐거운 기분이 들지 않아요."

엄마는 정신과 육체가 통일된 실체라고 확신하고 있다. 그래서 엄마는 각 개인에게 건강하기 위해 노력할 의무가 있다고 생각해. 엄마가 하려는 말은 정신과 육체에 대한 올바른 지식은 건강하고 행복한 삶을 보내는 데에 도움을 준다는 거야.

우리에게는 자기 회복의 능력이 있으므로 많든 적든 그것을 활용해야 할 의무가 있다. 병을 치료함에 있어서 반드시 나아야겠다는 본인의 의지가 얼마나 중요한가는 의사가 환자에게 필수적으로 설명해주는 사항이라는 사실은 너희들도 잘 알고 있으리라 믿는다.

엄마 주위에도 정신력으로 중병을 고친 사람이 몇 명 있다. 정신력의 힘을 빌면 사람은 누구나 자기를 건강하고 행복한 상태에 놓을 수 있어. 자신의 몸을 아끼고 몸과 마음이 하나가 되어 건설적인 힘을 발휘할 때 건강하게 장수할 수 있는 거란다.

병은 마음에서 비롯된다

정신과 육체의 상관관계 중에 어두운 면을 살펴보기로 하자. 우리 주위에는 정신이 육체를 병들게 하는 경우가 의외로 많단다. 정신과 육체를 연결하는 에너지는 긍정적으로도 부정적으로도 작용할 수 있지.

그러면 정신이 육체에 미치는 영향을 여러 가지로 생각해 보기로 하자.

첫째. 어려운 문제에 봉착했을 때 대부분의 우리는 우선 어떻게 하면 그것을 피할 수 있을까를 궁리한다. 그러면 결국 문제를 해결하지도 못하고 육체적으로도 병이 생기고 만다.

둘째. 매일 부딪히는 일상적인 일들이 따분하고 지겹다고 하자. 그러면 잠재의식은 스스로의 육체에 고질적인 병을 만들어내고, 결국 그 하기 싫은 일을 하지 않아도 되게 만든다.

셋째. 우연히 병에 걸리는 경우도 있다. 그러나 이것 역시 그 저변에는 '나는 벌 받아 마땅하다'라는 잠재의식이 작용한 경우가 허다

하다.

많은 사람들은 어렸을 때 꾸중을 들으며 살아온 후유증으로 인해 지금까지 매저키즘이 마음속에 자리잡고 있는 거야.

어떤 종류로든 처벌이 자기에게 올 것이라고 그들은 처벌을 기대하고 있기까지 하지. 이런 예는 학대받고 자란 사람에게 더욱 자주 발견된다.

그리고 어떤 잘못을 저지른 사람은 병이 남으로 인해 자신의 죄가 면제된다고 생각한다. 병이 자신의 죄값을 대신해 준다고 믿는 거야. 또한 아프다는 핑계로 주위 사람을 부릴 수 있다고 생각하는 커다란 우를 범하기도 한다.

이처럼 마음속에 생겨난 곤경은 마침내 병이라는 형태로 모습을 드러내곤 한단다.

몸과 마음의 건강을 유지하는 방법

사랑하는 딸들아, 여기에서는 혼자서 행할 수 있는 건강유지법을 너희들에게 알려 주고자 한다.

1)자신과의 대화

매일매일 마음속으로 이렇게 말해 보렴. "나

는 오늘도 건강하게 보내고 있는가?" 하고 말이다. 자신의 능력을 인정하고 자신감을 갖는 일은 대단히 중요한 일이다. 그러니 거울을 보며 자신의 몸에 대해 칭찬을 함으로 해서 자신감을 갖도록 하는 거야.

2)이상적인 자신의 모습을 그려본다

건강하고 활력에 넘쳐 있는 자신의 모습을 머릿속으로 상상한다. 이상적인 모습으로 바뀐 자신을 언제나 마음으로 그려보는 것이다. 그다음, 거울을 들여다 보면서 그 속에서 이상적인 모습을 찾아낸다. 건강하고 아름다운 자신의 모습을 거울을 통해 발견해 내는 거야.

이러한 시각화의 방법은 실제로 여러 나라에서 시도되어 어느 정도 효과를 거두고 있다. 우울한 기분을 바꾸거나 체중 조절에 자주 사용되고 있지. 이 방법은 전혀 부작용이나 해가 없으며 적극적인 사고를 가지게 만들어 각국에서 긍정적인 평가를 받고 있다.

사랑하는 딸들아, 위와 같은 방법을 사용하면 자신을 스스로가 원하는 모습에 가깝게 만들 수 있어. 자기 자신이 자꾸 살이 쪄간다고 생각하면 점점 그렇게 되어갈 수 있지. 특히 주의해야 할 점은 자신이 병에 걸렸다고 생각하면 정말 병에 걸리게 되는 수도 있고, 언제나 사고를 당하지 않을까 공포에 시달리는 사람은 정말로 사고를 당하는 일이 벌어지기도 한다는 사실을 항상 염두에 두는 일이다.

잠재의식 속의 사고가 실생활에 영향을 미치는 거야. 긍정적인 쪽으로든 부정적인 쪽으로든 사람은 자신이 품고 있는 생각을 현실화시키는 법이지. 긍정적이고 적극적인 자화상을 어려서부터 갖게 되면 우리의 인생은 보다 윤택해 질 수 있단다.

훌륭한 사람이 되기 위해서 무슨 특별한 속임수가 필요한 게 아니야. 필요한 것은 단지 자신의 고삐를 쥐는 정신력뿐이란다. 과학자들은 사람들이 자기 지능의 5퍼센트밖에 사용하지 않는다고 말하지. 나머지 95퍼센트는 그냥 묵혀두고 있는 셈이다.

이 엄마는 정신이 갖고 있는 창조력이 무한하다고 생각해. 그러나 그 무한한 창조력을 끄집어내기 위해서는 자신의 잠재능력을 어떻게 발휘하느냐가 중요하지. 사랑하는 딸들아, 적극적인 사고 방식은 어느 시대에나 요구되지만

너희 세대에는 보다 적극적인 사고가 필수적이
라고 생각한다. 그러니 적극적인 사고를 갖기
바란다.

2. 건강은 자신의 책임

〈균형 잡힌 영양, 매일의 운동 그리고 행복감〉

건강한 자만이 승리할 수 있다.

-토마스 카라일-

우리는 누구나 의학의 힘을 빌어서 살고 있다. 이 세상에 태어난 후에는 말할 나위도 없고, 우리가 엄마의 뱃속에 있는 태아 시절부터 의학의 도움을 받고 있는 거야. 그러므로 신뢰하는 담당 의사가 있느냐, 없느냐는 우리에게 아주 중요한 문제이지.

그런데 엄마가 생각하기에 무엇보다 중요한 것은 의료 기관에 의지하는 것보다 먼저 자신의 건강을 스스로가 책임지는 일이란다. 의료라는 말은 너희도 알다시피 병에 걸린 것을 고치는 행위를 말한다. 그러나 병이란 걸리기 전에 미리 걸리지 않도록 예방하는 일이 훨씬 더 중요한 거야.

　엄마는 이제부터 예방적인 차원의 건강 관리에 대해 이야기해 보겠다. 참고하기 바란다.

자신의 몸에 대해 정확히 알자

　사람은 의외로 자신의 신체에 대해 아주 기초적인 지식밖에 가지고 있지 않은 것같다. 사랑하는 나의 딸들아, 신체의 기능에 대해 정확히 알아야 함은 새삼스레 말하지 않아도 알고 있겠지.

　우리가 각 기관의 역할, 순환기나 신경 계통의 작용을 알아야 하는 것은 건강을 유지하기 위해서도 필요하지만 인생을 보다 즐겁게 살기 위해서도 중요한 것이란다.

　시시야, 너는 어렸을 때 칼에 베이거나 넘어져서 피가 나기만 하면 무서워서 울곤 했지. 기억나니? 조금 긁힌 자국만 나도 심하게 겁을 먹곤 했던 너의 어렸을 적이 말이다.

　엄마는 네가 왜 이렇게 요란을 떨까 싶어 처음에는 좀 짜증이 났는데, 내가 너에게 사람의 신체 구조를 그려 그림으로 설명을 해 주니까 너는 비로소 안심되는 표정을 지었다. 너는 그때 세 살이었고, 어린 마음에 사람의 피부는 풍선 안의 공기처럼 혈액으로 가득차 있다고 생각했던 모양이더라. 그래서 상처가 나면 구멍난 풍선에서 공기가 **빠져나가듯이** 몸 안의 피가 몽땅 **빠져나가는** 줄 알고 울기만 했던 거야.

시시, 네가 엄마의 말을 듣고 공포로부터 벗어날 수 있었듯이 어른들도 마음의 평온을 찾기 위해서는 자신의 몸에 대해 자세히 알아야 한단다. 그래야 괜한 걱정으로 시간을 낭비하거나 공포심을 갖는 어리석은 일에서 벗어날 수가 있다.

영양을 골고루 섭취하고 있는가?

엄마는 어렸을 때부터 식품의 영양에 대해 관심이 많았다. 너희 외할머니는 해초나 보리가 지금처럼 각광받기 25년 전부터 그것들의 효능을 알고 계셨지. 그런데 막상 엄마가 나이를 먹고 내가 직접 요리를 할 무렵엔 어느새 전통적인 식사방법으로 다시 되돌아가 버리고 말았지. 그래서 일년 내내 다이어트와 체중 줄이기에 신경을 쓰게 되었지 뭐냐.

엄마 생각에 미국인은 다이어트에는 아주 민감하지만 식품의 영양적인 면에는 둔감한 듯하다. 그래서 영양에 관한 정보는 모으지 않고 단지 "이 피자의 칼로리가 얼마죠?"라고 묻는 일이 습관이 되었지.

애들아, 식품을 섭취함에 있어서 특히 주의해야 할 점은 요즘은 거의 모든 식품이 인스턴트라는 사실이란다. 무슨 이야기인가 하면 빵에는 방부제가 들어있고, 칠면조는 일부러 호르몬으로 살찌게 만들지. 또한 표백으로 비타민이 파괴된 밀가루, 인공 감미료와 향료로 범벅된 식품들이 우리의 주위에 너무나 많다는 말이다. 그러니 앞으로 식품을 살 때는 반드시 품질 표시와 주원료를 확인하기 바란다.

사람이 활동을 하기 위해서는 어느 만큼의 에너지를 필요로 하는데, 그것은 꼭 식품을 통해서 섭취해야만 한다. 앞으로는 너희에게 필요한 칼로리는 어느 정도인지 관심있게 살펴보렴. 그리고 최근의 많은 조사 결과 밝혀지기도 했지만 냉동식품이나 통조림 제품보다는 신선한 야채, 과일, 육류가 훨씬 몸에 유용하다는 사실도 잊지 말아야 한다.

엄마는 2년 전, 일본에 여행을 갔을 때 두 달 동안 신선한 음식만을 섭취했더니 몸의 컨디션이 아주 좋아졌었단다. 나는 그때 5킬로

정도 체중이 줄었고 더욱이 그렇다고 공복감을
느끼지도 않았었지.

늘 들어오던 말이겠지만 가공되지 않은 신선
한 식품을 선택하는 일은 중요하다. 이제부터
라도 가공 식품이나 인공 향신료 섭취를 줄이
도록 하렴. 사람의 몸은 정직해서 자연 식품을
더 선호하고 소화도 용이하단다.

사랑하는 딸들아, 너희는 살이 쪄서 고민하
고 있지 않느냐. 요즘은 몸을 움직이는 일이
많이 줄어들어서 식사량을 조절해야 한다. 야
채나 과일, 육류와 생선, 그리고 유제품과 빵
을 소량으로 골고루 섭취하렴. 그리고 무조건

안 먹는 것은 건강에 아주 나쁘므로 음식을 적
당히 먹은 다음 과도한 칼로리를 섭취했다 싶
으면 운동을 통해 밸런스를 유지하도록 해라.

식품영양에 관한 책도 읽어보고, 책에서 권
장하는 내용을 실제로 시도해보는 일도 바람직
하지. 모두가 똑같을 수는 없어. 자기에게 맞
는 나름의 식사 방식을 발견하는 일도 중요하
단다. 골고루 신선하게 영양을 섭취하면 한 달
뒤에는 컨디션이 좋아지고 가뿐해진 스스로를
발견하게 될 것이다. 자, 마음을 한번 굳게 다
진 다음 지금부터 시작하렴.

하루에 10분씩 운동을 하자

엄마는 어렸을 때부터 운동하는 것을 아주 싫어했단다. 그래서 운동하는 것은 늘 골칫거리였어. 그러나 운동이 왜 필요한지를 알고 난 후부터는 그 반대의 상황이 되었지. 너희는 이미 알고 있으리라 믿는다. 운동은 심장이나 폐를 튼튼하게 하고 혈색과 스테미나를 좋게 만들어 준다는 사실을 말이다.

너희는 엄마가 걱정하지 않아도 될 만큼 운동을 잘하는 것 같아 다행으로 생각하고 있다. 그러나 엄마는 나의 쓰라린 경험에서 오는 충고를 한 마디 덧붙이고 싶다. 그것은 어른이 되어 다른 많은 것들이 흥미를 끌더라도 운동에 대한 흥미를 절대로 놓쳐서는 안된다는 것이다.

하루에 10분씩 하는 운동은 일 주일에 한 번 90분 동안 하는 운동보다 훨씬 효과적이란다. 한꺼번에 무리한 운동을 하면 도리어 건강을 해칠 수도 있으니 주의하기 바란다. 관절이 아프고 오히려 몸의 컨디션을 망쳐버릴 수 있지.

실행 불가능한 거창한 목표를 세우느니, 차라리 아주 작은 실현 가능한 목표를 정해서 이를 실천하렴. 엄마는 거창한 운동이 아닌 경보

선수처럼 빨리 걷는 것으로 운동을 대신하고
있단다.

행복하므로 건강하다

자, 마지막으로 건강에 대한 충고를 하나 더
하겠다. 너희들도 찬찬히 생각해 보기 바란다.

우선 자기 자신을 소중하게 여기라는 거야.
그리고 자기 자신을 위한 시간을 충분히 남겨
놓고 이를 즐겨야 한다. 또한 자신의 마음에
드는 직업을 택하고 진정으로 사랑하는 남자와
결혼을 해야 되는 거야. 더구나 아이는 정말로
어린애를 사랑할 수 있다고 생각될 때 낳아야
하는 것이다.

건강을 유지하기 위해서는 음식이나 운동도
필요하지만 자신을 사랑하는 일도 아주 중요
하다. 행복과 건강은 장난감 퍼즐의 조각처럼
두 개가 함께 있을 때만 완성이 되는 거란다.
행복과 건강이 별개가 아닌 같은 동지임을 마
음속 깊이 새겨두렴. 행복과 건강을 함께 추구
할 때 우리는 그 양쪽 모두를 얻게 될 거야.

* 딸들의 의견 *

건강을 지키기 위해서는 자기 스스로가 노력
해야 합니다. 조금만 신경쓰면 건강을 유지할
수 있는데 왜 사람들은 몸에 해로운 일을 자꾸
할까요? 건강하면 오래 살 수 있고, 즐거움도
늘어나는 것이 아닌가요.

-로라-

저는 지금까지 특별히 아픈 적이 없었기 때
문에 건강에 대해 지나친 걱정은 해보지 않았
어요. 저의 경우는 평상시대로 자연스럽게 행
동하는 것이 전부예요. 평상시대로 행동한다는
것은 운동하고 규칙적으로 식사하고, 화날 땐
화를 내고, 모든 일을 긍정적으로 생각한다는
것이지요. 저는 평상시대로 행동하면 건강할
수 있다고 생각해요.

-시시-

3. 체중이 걱정되기 시작하면
〈비만이라고 믿고 있는 너에게 주는 어드바이스〉

육체는 단순한 그릇이 아니다.
그 사람의 실상은 대부분 육체가
나타내고 있다.

-죠나단 밀러-

다이어트라고 하면 마음이 벌써 무거워지
니? 엄마 역시 다이어트와는 상관이 많아서
내 경험에서 우러나오는 이야기를 너희에게 해
주려 한다.

이것은 너희가 자기 자신에 대해 어떤 생각
을 갖고 있으며, 동시에 타인이 자신을 어떻게
보고 있는지의 문제이다. 어찌보면 일생을 통
해 그 사람의 인간성이 좌우되는 중요한 문제
이다.

엄마는 젊었을 때 살이 쪘다는 생각으로 몸

시 괴로워했단다. 지금은 젊었을 때의 사진을
꺼내보면서 그것이 기우였음을 알고 웃음을 흘
리지만 말이다. 엄마는 젊어서 끼니 때마다 먹
고 싶은 충동을 참느라 무척 고생했단다. 음식
을 눈앞에 두고 침만 삼키곤 했지.

그리고 날씬하게 보이기 위해 옷치수가 두
단계나 큰 것을 사서 입고 다녔다. 틈만 나면
뚱뚱한 것에 대해 자책하고 실컷 욕도 했지.
그런데도 애석하게 체중은 별다른 변화가 없었
단다.

엄마는 세 가지를 깨닫게 될 때까지 체중과
의 싸움을 하였던 거야.

그 세 가지 중 하나는 정기 건강진단을 할
때 알게 되었지. 내과 검사를 마치고 체중을
달았는데 의사는 흐뭇하게 웃으며 말했지.

"정말 다행이군요. 체중이 6년동안 변함이
전혀 없습니다. 바람직한 현상이지요."

나는 그 말을 듣고 자칫 의자에서 굴러떨어
질 뻔했단다. 6년 동안 2백회가 넘는 다이어트
를 시도했는데 그대로라니. 어떤 때는 뚱뚱해
졌다고 속상해하고 어떤 때는 살이 빠졌다고
기뻐했는데, 결국 그대로라니.

그 엄청난 노력과, 체중에 지나치게 신경쓰

던 시간들은 모두 환상에 지나지 않는 것인지. 내가 체중 때문에 그토록 안절부절했었는데 줄 곧 그대로였다는 사실에 눈이 휘둥그래졌던 거 야. 그러나 체중을 조작하려 애쓰지 않으면 오 히려 마음이 편하고 또한 일정한 상태를 유지 한다는 사실을 깨달았지.

엄마의 두 번째 깨달음은 조금 복잡하다. 나 는 살이 쪘다는 것으로 혹은 그런 생각을 함으 로써 연약한 자기를 외부의 공격으로부터 지 킨다는 생각을 했지. 내면의 나약함을 숨기기 위해 외부의 살을 무의식 중에 찌우는 일은 얼 마나 어리석은 짓이냐?

세 번째 깨달음은 〈나는 살이 쪘다〉라고 생 각하도록 내 마음속에 프로그래밍이 되어 있다 는 것의 발견이었어. 이를테면 엄마는 착각 속 에서 살아온 거지.

위의 세 가지 사항을 알고 나니까 나 자신에 대해 아주 편안해지더구나. 마음가짐도 많이 달라지고. 음식과의 전쟁도 없어지고, 뚱뚱 하다는 지나친 환상에서 벗어날 수도 있었어. 또한 지금까지 체중은 그 상태 그대로를 유지 하고 있단다.

음식은 영양을 공급해 주는 고마운 아군

엄마처럼 비만때문에 쓸데없는 고민을 하는 사람은 생각보다 많다. 그러면 엄마가 지금까지 비만에 어떻게 대처해왔는지 너희에게 알려줄 테니 참조하기 바란다.

1)정확한 자기 평가

우리의 주위에는 사실 뚱뚱하지도 않은데 뚱뚱하다는 착각에 빠진 사람이 많다. 그러나 체중에 관해서는 정확하게 평가를 해야만 한단다. 결코 패션 모델을 기준으로 삼지 말아야 해. 옷 치수가 〈9호면 최상〉, 〈11호이면 뚱보 클럽에 가입〉 등으로 기준을 정하는 건 정말 어리석은 짓임을 명심하렴.

2)자신의 척도를 정한다

자신의 척도로 스스로를 평가해야 한다. 이 말은 굳이 사회적인 척도로 자신을 잴 필요는 없다는 말이다.

브론빈, 엄마는 너를 바라보면 아무리 내 딸이지만 참 아름답다는 생각을 한단다. 너는 단단한 떡깔나무 같아 엄마의 마음이 한없이 든든해 진다. 네 풍요롭고 생명력이 넘치는 모습은 아일랜드 전설에 나오는 거인 같기도 하고 말이다.

너는 1미터 75센티의 키에 알맞는 체중을 지니고 있지. 브론빈, 막대기 같은 패션 모델의 몸매를 흉내낼 필요는 없어. 스스로의 기준에 맞추면 그만이야.

그리고 시시, 너를 보면 엄마는 우아한 숙녀로 자랄 네 모습에 기분이 좋아진다. 너의 몸동작은 아주 자연스럽고 아름답지. 엄마는 너를 보면서 항상 아름다운 꽃을 연상하곤 한다. 시시야, 너에게 어울리는 모습이 무엇인지 스스로 판단해 주기 바란다.

3)유행이 제일은 아니다

어떤 경우라도 유행에 휩싸일 필요는 없다. 자기 나름대로의 기준을 정하고 그에 따라 행동하면 된다. 근래 고개를 내미는 '여윌 대로 여위고 싶은 증후군'은 언젠가는 사라지고 말 거야. 한때 유행하던 개미 허리처럼 가느다란 허리나 버팀살로 퍼지게 만든 스커트가 사라진 것처럼 말이야.

모든 것은 변화하지. 뉴욕에서는 통통하게 취급받는 사람이 밀워키에 가면 앙상한 축에

들지. 그리고 70년대의 마른 몸매의 유행은 80
년, 90년대에는 육감적이고 풍만한 체형을 선
호하는 것으로 바뀔 수도 있지. 이러한 변화는
이미 여러 차례 되풀이되어 일어나곤 했단다.
여성은 지나칠 만큼 유행을 쫓고 그것에 휘둘
림을 당해 왔지. 제발 너희 세대에서는 자기
몸에 맞는 패션을 창조하기 바란다.

4)즐겁게 식사한다

음식은 자신에게 영양을 공급해 주는 아군이
라고 생각하렴. 음식은 적이 아니라 우리 편이
야. 엄마는 몇 년 동안이나 무엇을 먹을 때
"아아, 이렇게 함으로써 또 살이 찌는구나"하
고 한탄을 했단다.

그러나 지금에 와서는 늘 즐거운 마음으로
식사를 한다. 음식이란 나에게 비타민과 미네
랄, 그리고 그 밖의 풍부한 영양을 준다고 생각
하니 즐거워 지더라. 그런데 참 신기하게도 편
안한 마음으로 음식을 먹을수록 차츰 몸이 날
씬해 지더구나.

5)전문가의 조언을 청한다

그러나 아무래도 체중이 고민거리라면 전문

가의 조언을 구하도록 해라. 그리고 고민과 불안이 마음속에 있으면 그것을 차단하려는 욕구가 비만이라는 형태로 나타날 수도 있으니 주의하렴. 자신을 그냥 아무렇게나 내팽개치지 말고 도움을 청해야 한다.

* 딸들의 의견 *

요즘 들어 지나치게 체중에 신경이 곤두서는 것 같아요. 1킬로만 체중이 늘어도 금방 자살이라도 하고 싶은 심정이 되는 걸요. 그러나 체중이 1백 킬로든, 40킬로든 내면의 나는 그대로인데 왜 사람들은 뚱보를 싫어하는지 모르겠어요.

-로라-

저는 체중 때문에 고민하거나 괴로워해 본 적이 없어요. 그래서 그다지 깊이 생각해본 적도 없지요. 물론 체중이 줄어들면 기쁘기는 해요. 그러나 일부러 살을 빼려고 애쓰지는 않아요.

난 토실토실한 원래의 내 모습을 사람들이 사랑해 주기를 바래요. 만약에 "몸무게를 5킬

로만 **빼면** 친구가 되어 줄게"라는 사람이 있다
면 제가 사양하겠어요. 그런 친구는 필요하지
않으니까요.

-브론빈-

뚱뚱하면 속상할 때도 있지요. 뚱뚱해서
싫다는 경우도 있으니까요. 자기가 좋아하는
남자 친구가 그런 말을 하면 얼마나 슬프겠어
요. 하지만 그렇게 말하는 남자는 정말 마음이
좁아요.

-로라-

4. 나이를 먹는 기쁨

〈매일의 경험이 당신을 보다 아름답게 가꾸어 준다〉

엄마는 나이가 들어간다는 사실에 대해 별로 걱정을 하거나 신경을 쓰지 않는단다. 학교에서나 직장에서나 주위 사람보다 나이가 어렸던 탓도 있겠지. 엄마는 한 살 두 살 나이를 먹어 가는 것이 오히려 좋았단다.

나의 인생은 서른이 넘어서면서 좋아졌고, 서른 다섯 정도부터는 더욱 나아졌기 때문에 나이를 먹으면 먹을수록 좋은 일만 생길 거라는 생각을 했었다. 그런데 내가 너희에게 벌써부터 나이를 먹는 것에 대해 이야기하는 데는 두 가지 이유가 있어.

첫째, 여성은 자신이 나이를 먹으면 먹을수록 사람들로부터 외면당한다고 생각하는 경향이 있지. 나는 이러한 생각에 강한 반발을 느끼고 있다.

둘째, 건강에 유의하여 노화 방지를 하려는 사람이 드문 것 같더구나. 그래서 이 문제에 대해 말할 필요가 있다고 생각했지.

먼저 첫번째 이유인 '나이를 먹으면 먹을수록 사람들로부터 외면당한다'는 생각은 여성들이 옛날부터 남의 눈을 통해 자신을 들여다본 결과라고 생각한다. 즉 남성의 눈을 통해 자신을 보려는 좋지 못한 습성을 가졌다는 말이다.

남성의 뜻에 영합하여 발을 졸라매거나 허리를 코르셋으로 조이고, 가슴에 실리콘을 주입해 부풀리는 등 여러 가지 방법으로 자신의 모습을 변형시켜 온 거야. 게다가 여성의 성적 매력은 젊은 시절에 가치가 있고 그 연령을 넘으면 별다른 가치가 없다는 생각에 전적으로 동의해 온 거야.

사랑하는 딸들아, 이런 쓸데없는 편견에서 벗어나는 것은 여성에게 이익이 될 뿐만 아니라 남성에게도 이익이 된단다. 사람은 누구나 서서히 어른이 되어가게 마련이니까. 성적으로 지적으로 감정적으로 무릇 경험이라는 것이 인생의 자격 증명서일 수 있어. 결코 그것을 무시할 수는 없는 일이지.

엄마가 두번째 이유로 든 '건강에 유의하여

노화 방지를 하려는 사람이 드물다'는 것은 우리가 쉽게 범하는 오류이다. 즉 젊었을 때는 자신의 육체가 불멸의 존재라고 생각하곤 하지. 아무리 혹사해도 그대로인 채 손상되지 않을 것이라는 착각을 하고 있다. 건강은 젊어서도 신경을 써야 해.

그렇다고 하얀 천으로 몸을 둘러싸고 가만히 앉아 몸을 아끼라는 말은 아니란다. 긍정적인 방향의 젊음의 특권이라면 마음껏 즐기렴.

사랑하는 딸들에게 내가 해주고 싶은 말은 최상의 건강 상태를 유지하기 위해 주의하라는 것이다. 적당한 운동, 영양 섭취, 맑은 공기, 충분한 휴식을 가까이 하고 스트레스와 고민을 멀리 하렴. 건강에 대한 지식을 가지고 그것을 실제로 지킬 수 있다면 너희의 미래는 반드시 밝게 빛날 거야.

연령에 따른 아름다움

무엇보다 너희들이 현재 처해 있는 연령에 자신을 어떻게 평가하고 타인에게 어떻게 전달하느냐가 중요한 문제이다. 다시말해 자신에게 얼마나 자신감을 갖느냐가 중요하지. 너희가 자신감으로 충만되어 있고 자신을 사랑한다면 나이를 먹음에 따라 더욱 아름답고 윤택한 삶이 펼쳐질 것이다.

자신에 대해 냉정해질 수 있는 안목이 있다면 긴 인생에 있어서 득점이나 실점도 제대로 평가하는 눈을 갖게 된다. 그래서 앞으로는 하루가 다르게 늙어가는 게 아니라, 하루가 다르게 좋아진다라는 말이 모두에게 적용되었으면 좋겠구나.

너희 세대에는 평균 수명이 더욱 연장될 거야. 1850년에는 여성의 평균 수명이 37세였는데 지금은 72세로 연장되었지. 서기 2020년에는 평균 수명이 얼마일지 궁금하구나.

미래를 건강하고 행복하게 보내기 위해서 지금부터 많은 것을 배워두렴.

* 딸들의 의견 *

노인이 된다는 것은 기대해 볼 만한 일이에요. 나이를 먹지 않고 그대로 머물 수는 없으며 그러길 바라는 사람도 없을 거예요. 연륜이 쌓이면 인생을 폭넓게 이해하게 되고 자신과 남에 대한 이해심도 깊어가겠지요.

전 이 다음에 멋진 할머니가 될 거예요. 저

는 노인의 지혜를 존경해요. 가능하면 오래 살
아서 젊은이와 함께 모험도 즐기고 여러 가지
경험을 나누고 싶답니다. 설마 그러는 나를 보
고 젊은이들이 정신 나간 할망구라고 부르지는
않겠지요.

-브론빈-

5. 행복한 임신

〈뱃속에 작은 생명을 느끼는 자긍심과 기쁨〉

아가야, 너는 어디에서 왔니.
다른 어느 집이든 갈 수 있었을 텐데
특별히 선택해 우리집으로 온 까닭은?

-죠지 맥도날드-

생명의 잉태 과정에 대한 예비지식을 주는
사람은 좀처럼 없다. 아마 출산과 성의 결부가
그것을 금기시 하는 이유일 거야. 또는 출산에
수반되는 육체적인 고통과 정신적 감흥을 말로
표현하기가 매우 어렵기 때문인지도 모르겠다.
이유가 무엇이든간에 여성이 임신과 출산의 경
험을 딸들과 함께 나누어 갖지 못하는 것은 참
으로 안타까운 일이다.

사랑하는 딸들아, 임신과 출산에 대한 나의
추억을 너희에게 들려주고자 한다. 그것에 대

한 예비지식이 있으면 기쁘게 그 모두를 받아들일 수 있고, 불안감도 해소될 수가 있으니 말이다.

너희 세대는 피할 수 없는 숙명으로서가 아니라 계산된 인생으로서 어머니가 되기를 스스로 선택할 수가 있게 되었다. 그러나 많은 정보를 수집하고 제대로 알아서 그러한 선택에 임하기 바란다.

우선 나는 임신과 출산은 하나의 기적이라는 것을 말하고 싶다. 아기가 뱃속에서 꿈틀거리고 있음을 처음 느꼈을 때, 나는 나에게서 대단히 중요한 일이 벌어지고 있음을 느꼈다. 진부하게 들릴지 모르지만 바로 그 순간이 우주와 내가 일체가 된 것이고 비로소 틀림없는 여성이 되었다는 사실을 인식한 거야.

엄마는 처음 뱃속에서 무엇이 꿈틀거릴 때의 감흥을 아직도 생생히 기억하고 있단다. 당황스럽기도 하고 놀랍기도 하고, 부끄럽기도 하고. 지금까지 왜 어느 누구도 이런 기분에 대해 말해준 사람이 없는지 엄마는 조금 의아했단다. 엄마의 몸을 거처로 삼아 자라나는 하나의 생명, 그것은 처음 느껴보는 색다른 경험이었지.

딸들아, 네 몸 안에서 또다른 생명이 움트고 있다고 생각하면 이상한 느낌이 들지 않겠니? 나는 내가 스스로 체험할 때까지 다른 여성이 그런 느낌에 대해 말하는 것을 들은 적은 없었지만 임신한 여성은 대부분 비슷한 느낌을 가지고 있으리라 믿고 있다.

몸은 힘들지만 긍지가 생긴다

첫임신에 나는 몹시 불안해 했었단다. 그리고 점차 신체에 변화가 생기자 어쩔 줄을 몰라 했었지. 내가 자랑스럽게 여기던 내 발목이 정말 두 배로 굵어 지려나? 할머니는 늘 〈순종의 말과 잘생긴 여자는 발목을 보면 알 수 있다〉고 하셨는데.

엄마는 정맥이 팽창해져서 흉하게 보이는 다리가 정말 23세의 내 다리인가 의심스러웠다. 이렇게 구역질만 나는데 용케 살아있다는 사실이 이상하기도 했고 말이다.

사랑하는 딸들아, 이러한 갈등 속에서 한편으로 엄마는 완전한 여성이 되었다는 자부심을 느꼈다. 어여쁜 유아복에 감싸인 금발의 너희들 모습을 머리 속에 그리곤 했어. 자, 엄마가 말하려는 본론은 지금부터다.

엄마는 뱃속에 있는 너희와 자주 다정한 대화를 나누었지. 엄마는 너희와 몇 시간이고 친밀하게 대화를 했단다. 그러다보니 너희의 모습을 확실히 마음속에 그려낼 수 있었고 너희가 태어나기 전에 너희들 초상화를 그려보기도 했어. 그런데 신기하게도 너희를 낳고 보니 내가 그린 초상화와 아주 똑같이 생겨서 기분이 좋았단다. 임신을 하면 체질이 완전히 변해 버리더구나. 아침에 눈을 떠도 개운하지 않고 어떤 때는 물 냄새만 맡아도 속이 메슥거렸지. 그러다가 배가 조금 불룩해져 오니까 내 자신이 굳건해지고 아름답게 여겨지더라.

임신 말기에는 불안감이 다시 생기고, 하느님이 왜 이렇게 오래 10개월을 임신기간으로 정했는지 원망스럽기도 했다.

임신 중에는 정신 상태가 불완전해지기 쉬워. 그래서 기분이 급격히 고양되기도 하고 또 급격히 침울해지기도 하지. 어느 날은 세계를 제패할 듯 자신감에 차있다가도 그 다음날은 자살하려는 사람처럼 모든 의욕이 사라져 버리기도 한단다.

사랑하는 딸들아, 임신 중기에는 놀라울 정도로 아름다워지는 일도 있으며, 산달이 가까워지면 몸매가 두리뭉실해지는 것도 당연한 이치이지. 이제까지 결코 경험해 보지 못한 여행을 10개월 동안 떠나는 것이니 얼마나 새로운 모험이 많이 기다리고 있겠니.

아기의 탄생이 가져다주는 기쁨

얼마 전에 엄마는 임신을 하면 몸매가 망가지니까 임신은 질색이라고 말하는 젊은 여성을 보았단다. 그녀는 임신을 하면 바스트 모양이 나빠진다느니 몸매가 뚱뚱하게 변한다느니 하며 마치 임신을 몹쓸 병 취급하는 거였어. 엄마는 그 여성의 말을 듣고 어리석음에 우습기도 하고 한편으로 딱하기도 하였단다.

딸들아, 아이를 낳는 행위는 여성에게만 주어진 위대한 권리임을 명심하렴. 몸매가 조금 흐트러진다 하더라도 그것을 보충하고 남을 만한 애정과 행복을 얻게 되는 것이 아닐까? 아까 말한 젊은 여성은 아마도 애를 낳아보지 못한 사람이 유방암이나 자궁암에 걸릴 확률이 높다는 사실을 모르고 있겠지.

물론 아이를 가지면 육체적 고통도 있지만 그만큼 기쁜 일도 있다. 엄마도 임신 말기에는 어려움이 많았단다. 너무 피곤하여 힘이 들고,

등이 아프며, 방광은 태아로 인해 압박을 받았지. 숨도 가빠지고 걷기도 힘이 들고 앉았다가 일어서는 일은 특히 고역이었단다.

하지만 또 힘든 만큼 신기한 일도 많았지. 8개월 정도가 되면 정말 뱃속의 아이가 그대로 느껴지거든. 뱃속에서 아이가 사뿐히 움직이기도 하고 발로 엄마를 차대기도 하고 때로는 주먹으로 엄마의 배를 두드리기도 하지. 아주 활발하게 자신의 존재를 산모에게 알리려 애쓰는 거야.

그래서 모든 산모는 하루 빨리 아기를 보고 싶다는 생각을 한단다. 가슴에 꼭 끌어안고 고사리 같은 손가락을 만져보고 싶은 거야. 아기는 목소리가 어떨까? 몸은 모두 정상이겠지? 엄마는 아이에 대해 궁금한 것도 많아진단다.

내가 너희에게 하고 싶은 말은 아이를 갖는 행위는 기적과도 견줄 만한 의미있는 일이라는 거야. 그리고 너희가 아이를 낳으면 이제 더이상 너희는 아이가 아닌 거지. 자기 본위의 행동에서 벗어나 아이와 함께 삶을 꾸려가야 해. 그리고 그러한 삶은 너를 고독으로부터 탈출시켜 주고 사랑을 가득 채워줄 것이다.

* 딸들의 의견 *

임신은 참 아름다운 일이에요. 왜냐하면 그
것은 하나의 생명을 이 세상에 내보내는 일이
니까요.

-완다-

저는 적어도 마흔이 될 때까지는 아이를 낳
지 않을 거예요. 아이한테 얽매여 내 인생을
망치고 싶지는 않으니까요.

-시시-

6. 출산은 멋진 감동

〈일생에서 가장 힘든 일, 잊을 수 없는 체험〉

아기는 세계가 지속되어 가길 바라는
신의 뜻의 결과이다.

-칼 샌드백-

너희들을 낳은 직후에 맛본 감동은 무엇과도
바꿀 수 없는 소중한 추억이었다. 너희도 이
다음에 아이를 낳아 가슴에 꼭 안아보면 엄마
의 기분을 아마 이해할 수 있을 거라는 생각을
한다. 열 달 동안 자기 몸 속에서 움직이던 존
재를 손에 안아보는 느낌은 어떤 기묘한 표현
으로도 대신할 수 없단다.

출산의 경험은 각자가 모두 다르지. 엄마가
진통을 시작하자 너희 할머니는 이렇게 말씀하
셨지. "일생에서 가장 힘든 일이란다"라고. 그
말은 사실이었어. 하지만 힘든 것 이상의 감흥

도 있었지. 나는 이 경험을 너희에게 알려주고
싶구나.

대부분의 여성은 처음 아기를 낳으면 아직
나이가 어려서인지 불안감에 사로잡힌 채 아이
의 출생에 대한 기적같은 깊은 뜻을 살펴보지
못하는 경우가 많다. 그것은 그럴 만한 마음의
여유가 부족한 탓이야. 그러나 시간이 흘러 되
돌아보면 그건 정말 가슴 떨리는 기적이라고밖
에 말할 수 없지.

의사와 남편의 간호를 받으며

엄마가 가장 견디기 힘들었던 건 역시 상상
을 초월하는 진통이었지. 요즘은 텔레비전에서
많은 것을 알려 주지만 엄마 세대만 해도 자세
히 설명해 주는 사람이 없었단다. 그때는 지금
처럼 책도 많지 않았고 출산의 경험을 이야기
해 주는 사람도 아리송하고 애매한 말만 하곤
했어. 끔찍하다느니 지옥같다느니 하는 그런
식의 말만을 해줄 뿐이었지.

첫아이를 낳으러 가면서 엄마는 아주 심한
공포감에 사로잡혀 고통이 더욱 심했단다. 그
건 엄마가 출산에 대한 지식이 부족함과 동시
에 주위 사람들이 출산에 대해 미리 설명해 주

지 않았기 때문이었다.

그 12개월 뒤에 두 번째 출산을 했는데 그때는 훨씬 수월했지. 유능하고 인자한 의사가 엄마를 잘 돌봐주었거든. 그래서 시시를 낳았을 때는 모든 것이 어려움 없이 순조로왔단다.

이렇게 한번은 힘들게 한번은 순조롭게 출산을 하고 보니 인자한 의사를 만나는 일이 중요하다는 생각이 들더구나. 너희들은 부디 여성과 갓난아이를 정성껏 돌봐주는 의사를 찾아야 한다.

그리고 다음으로 출산이 아름다운 체험으로 기억되기 위해서는 남편의 도움이 필요하지. 남편이 밖에서 아내를 기다리며 지켜봐 주는 것이 필요해. 태어날 아기는 부모가 사이좋게 자신의 출발점을 바라봐 주기를 분명 기대하고 있을 테니까.

출산의 불안을 떨쳐 버리자

아기를 낳을 때 임산부에게 있어 가장 큰 적은 역시 불안이다. 미지의 일이니 오죽이나 불안하겠니? 산모는 도대체 진통이 얼마나 심할까, 아기는 몸성하게 태어날까, 등등 머리 속이 어지럽지.

그나마 요즈음엔 불안을 없애주는 기본적인 지식을 담은 책이 많이 나와 있어 다행이야. 너희 세대에는 알려는 의욕이 왕성하므로 아마도 해산이나 마취법에 대해서도 많은 것을 배우게 되리라 생각되어 진다. 인체와 임신과 분만에 대해 알고 있으면 불안은 줄어들 거야.

라마즈법(심리학을 응용한 통증없는 분만법)의 지도자를 찾아 자연 분만에 대해 배우는 것도 좋다. 출산시 특별히 이용하는 것은 반대이지만 라마즈법의 훈련과 같은 심리학적 지식은 큰 도움이 될 거야.

그리고 너희는 모두 수다쟁이니까, 엄마가 새삼스럽게 많은 여성과 출산에 대해 이야기해 보라고 당부하지 않아도 되겠지? 의사나 책은 포괄적인 것과 일반적인 것은 가르쳐 주지만 감정적인 것은 가르쳐 주지 못하지. 그건 출산의 경험이 있는 여성들만이 가르쳐 줄 수 있으니 귀담아듣고 나중에 당황하지 않기 바란다.

출산의 경험은 어느 여성에게나 잊을 수 없는 것이란다. 출산을 애정이 충만된 기분 좋은 일로 만들어보지 않으련? 열 달이나 되는 준비 기간이 있으니 너희는 틀림없이 잘 해낼 수 있을 거야.

✳ 딸들의 의견 ✳

여성과 아기를 진심으로 잘 돌봐주는 의사를 선택하는 일은 중요하다고 생각합니다. 제가 이다음에 아이를 낳을 경우 저의 질문에 모두 대답해주는 친절한 의사를 선택할 겁니다. 분만시 나에게 일어나고 있는 모든 일을 빠짐없이 알고 싶으니까요.

-완다-

사람들은 흔히 출산을 이 세상에 둘도 없는 가슴 벅찬 경험이라고 하죠. 저도 첫해산을 저와 남편의 멋진 경험으로 삼겠어요.

-지지-

7. 엄마가 되는 것

〈아이를 키우는 것은 한없는 사랑과 성장의 기쁨〉

아이들은 자신이 받는 대우를 그대로
장래 사회에 되돌려 준다.

-칼 메닌져-

엄마는 너희들 나이 때, 여자는 누구나 아내
가 되고 어머니가 되는 것이라고 생각했어. 그
래서 학교를 졸업하고 취직을 한 여성은 그 직
장에 대해 결혼하기 전에 잠시 머무르는 시한
제 돈벌이쯤으로 여겼지.

그러나 현대에 들어서면서 어머니가 되는 것
은 선택의 문제이지 누구나 마땅히 그래야만
되는 숙명이라고 생각하지는 않은 것같더라.
즉 이렇게 변화한 사고는 여성이 스스로 자신
의 운명을 선택하게 만들었지. 그리고 여성의
소망에 의해 엄마라는 지위도 부여되게끔 바뀌

었어. 이는 진보의 결과란다.

너희가 엄마가 되려면 아직 긴 세월이 남아 있지만 내가 굳이 이런 글을 쓰게 된 데는 이유가 있단다. 그것은 내가 어렸을 때 어머니의 역할에 대한 지식이 없어서 애를 먹었기 때문이야. 그래서 엄마는 너희가 나처럼 어려움을 겪지 않았으면 하는 바람에서 알고 있는대로 몇 마디 해주려 한다.

여성이 갖고 있는 아름다운 육아 본능

세상이 아무리 변해간다 하더라도 변하지 않는 것이 있게 마련이다. 어린이들은 누구나 기본적인 욕구와 본능이 있고, 어머니는 아이의 이런 욕구를 채워줄 의무가 바로 그것이다.

요즘은 돈을 벌기 위해, 또는 자아 성취를 위해 일을 갖는 여성이 늘어나는 추세에 있다. 그럴수록 창의력을 가지고 아이에게 충분한 애정을 기울여야만 하는 거야. 엄마 생각에는 아이가 태어나고 반 년이나 일 년쯤 직장을 놓는 것이 가장 좋은 해결 방법인 듯싶다.

너희가 만약 명성이나 부를 원한다 해도 이정도의 기간은 그것을 추구하는데 있어 그다지 큰 장애가 되지 않을 것으로 생각한다. 핵가족

화된 현대사회에서는 몸 전체로 애정을 표현하며 아이와 접촉하는 것도 아주 중요한 문제란다.

아이에게 모유를 먹이는 일은 영양적인 차원을 넘어서 더욱 중요한 의미를 가지고 있다. 의사나 심리학자의 말에 의하면 엄마 젖을 직접 물려줌으로써 아이가 안정감을 느끼고 마음이 풍요로워진다는 거야.

엄마가 아이에게 젖을 물리거나 품에 안고 우유를 먹이는 일은 아이에게 포근함과 위안과 사랑과 관심을 나타내 주지. 그리고 온갖 공포로부터 아이를 구해 주는 방패제 역할을 하는 거야.

육아에서 가장 중요한 것은 자신의 방식대로 일관성있게 키우는 거란다. 세상 사람들의 간섭이나 자신의 어렸을 때 기억에 좌우되지 말아야 해. 생쥐나 호랑이에게 육아의 본능이 있는 것처럼 우리에게도 그런 본능은 자연스럽게 내재해 있단다.

나는 지금와서 조금 후회되는 게 있어. 너희가 어렸을 때 엄마는 남에게 들은 이야기나 책에서 읽은 육아 방법에 너무 얽매여 있었지. 내가 너희들의 요구에 좀더 귀 기울이고 호소에 관심을 가졌다면 우리 모녀 관계는 지금 보다 더 좋아졌을 거야.

심리학자의 말에 따르면 사람들은 자신의 경험을 토대로 행동을 한다고 해. 즉 자기의 부모들이 했던 그대로를 본떠서 자녀에게 그대로 행동하는 거지. 그 이유로 잘못된 행동 역시 근절되지 않고 계속 대대로 이어져 내려가는 결과를 낳는다는구나.

너희도 그런 경우를 많이 보았을 테지. 젊은 부모들이 구시대적인 낡은 육아 방법을 그대로 사용하는 경우를 본 적이 있지? 이다음에 너희가 아이를 키울 때는 엄마가 했던 육아 방법 가운데 좋은 것만 수렴하고 나쁘다고 생각되는 것은 과감히 버렸으면 좋겠구나. 또한 사회 통념상 이어지는 육아법에 대해서도 마찬가지다.

자녀의 인격을 인정하는 어머니가 되자

얼마 전 뉴욕의 병원에 갔을 때 엘리베이터 안에서 노의사가 젊은 인턴에게 말하는 것을 들은 적이 있지.

"어린애의 증세에 대해 이야기하는 엄마의 호소를 절대 그냥 흘려듣지 말게. 자네는 물론 의사여서 의학에는 박식하지만 어머니에게는 어머니로서의 본능이 있는 법이지. 그것 역시 무시할 수 없다네."

엄마는 노의사의 말에 감사의 뜻이라도 건네고 싶은 기분이었어. 엄마 생각도 노의사와 똑같으니까. 생각해보렴. 조물주가 코끼리나 얼룩말에게는 육아의 능력을 부여하고 인간에게는 부여하지 않을 리가 없잖니?

브론빈, 엄마는 네가 베이비 시터로 돌봐주는 알렉시스와 노는 모습을 자주 본다. 너희 둘은 아주 다정해 보이고 마치 어미 고양이가 새끼 고양이와 노는 것처럼 좋아 보이더구나. 함께 이야기하고, 장난도 치고, 가끔은 위로 안아 올려 주기도 하고. 엄마가 느끼기에 알렉시스가 너를 무척 존경하는 듯 싶었어.

내가 알기에 너는 아동심리학에 관한 책은 단 한권도 읽은 적이 없는 것 같은데 너는 아이의 심리를 잘 알고 있더구나. 끈기를 가지고 세 살박이 아이의 말투로 해야 될 일과 해서는 안 될 일을 상세히 가르치더구나. 엄마는 네가 명령적인 어투로 〈이걸 해〉, 〈그건 안 돼〉라고 명령하지 않고 상냥하게 아이를 대하는 모습을 보고 무척 기분이 좋았단다.

사랑하는 딸들아, 엄마가 아이를 기르는 일

에 있어 가장 중요하게 생각하는 것도 바로 그 거야. 어린이를 훌륭히 키우기 위해서는 어린 이를 단지 아무것도 못하는 사람으로 생각하지 말고 하나의 인격체로 존중해 주어야 한다는 것이다.

인간에게는 누구나 프라이버시와 사랑과 안 전을 누릴 권리가 있음을 학교에서 배웠겠지? 또한 폭력으로부터 보호받고, 물건을 소유할 권리도 있는 거야. 그 외에도 정중하게 대접받 을 권리가 있고.

그런데도 대부분의 어린이들은 부모로부터 인간에게 부여된 권리를 제대로 인정받지 못하 고 있단다. 부모가 기분이 나쁘면 괜히 벌을 내리기도 하고, 밖으로 나가지 못하게 가두어 두거나 장난감과 강아지를 강제로 빼앗기도 하 지. 또 어떤 어린이는 수없이 심부름을 강요당 하고, 부모의 윽박지르는 소리를 이유없이 들 어야 하는 경우도 있다.

부모로부터 이러한 모멸적인 대접을 받으며 자란 어린이는 자신이 전혀 쓸모없는 존재이 며, 행복이란 남의 일이고 나와는 상관없다고 생각할 위험이 있다. 이런 어린이는 자존심이 라는 감정도 가져보지 못한 채 일생을 보내는

수가 많아. 당연하지 않니? 만약 부모가 어린
이를 동등한 인격체로 보고 그들에게 권리를
부여했다면 자존심이 부족한 인간으로 자라나
지는 않았겠지.

사랑하는 딸들아, 어머니라는 지위는 하나의
특권인 동시에 책임이고 기쁨이야. 물론 이를
완전하게 수행하기란 거의 불가능하지. 그러나
그렇다고 너무 자책할 필요는 없단다.

엄마는 가끔 이런 생각을 한다. 부모가 어린
이를 키울 때 완전하지 못하고 약간의 실수를
저지르기 때문에 오히려 어린이들이 불완전한
사회에 잘 적응해 나가는 것이 아닌가 하고 말
이야.

아이를 키우다 보면 부모가 자녀에게 배우게
되는 점도 많지. 자녀가 미래의 지식을 보다
상세히 알려 주기 때문이야. 마치 부모가 자녀
에게 과거의 지식을 상세히 알려 주듯이 말
이다.

* 딸들의 의견 *

한 여성이 엄마라는 지위를 부여받는다는 건
아주 신나는 일이죠. 전 베이비 시터 노릇이

아주 재미있어요. 그런데 좀 아쉬운 점은 세상
의 많은 어머니들이 자신이 원할 때만 어머니
의 역할을 수행하려 한다는 점이죠. 기분이 나
쁠 때는 애들을 거들떠보려고 하지도 않아요.
애는 낳기만 하면 전부가 아니라 반드시 제대
로 돌봐주어야 해요. 언제나 아이를 사랑하고
보호해 주어야죠. 그런데 어떤 엄마는 자신이
엄마라는 사실을 단지 선물을 사다줌으로써 알
리기도 하죠.

-브론빈-

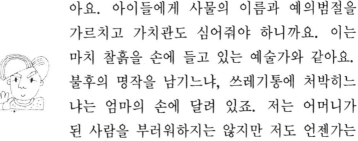

어머니의 역할은 세상에서 가장 힘든 것 같
아요. 아이들에게 사물의 이름과 예의범절을
가르치고 가치관도 심어줘야 하니까요. 이는
마치 찰흙을 손에 들고 있는 예술가와 같아요.
불후의 명작을 남기느냐, 쓰레기통에 처박히느
냐는 엄마의 손에 달려 있죠. 저는 어머니가
된 사람을 부러워하지는 않지만 저도 언젠가는
어머니가 될 거예요.

-지지-

좋은 엄마란 아이를 힘껏 사랑해주면 그걸로
충분해요. 아이는 영특해서 부모가 진심으로

자기를 사랑해주고 있는지, 어쩔 수 없이 부모
역할을 하고 있는지 금방 알거든요.

-로라-

저는 하고 싶은 일을 모두 한 후에 아이를
낳을 겁니다. 그래야 현명한 엄마가 될 수 있
을 것 같고, 그때에야 비로소 아이를 키우는
일이 훌륭하게 느껴질 것 같으니까요.

-완다-

어떤 경우에도 어린이의 인격을 무시하고 혹
사시키는 부모는 되지 말아야죠. "심부름 갖다
와라", "방 청소해라", "엄마 말에 복종해라",
"시키는 대로 해라"라고 언제나 말하는 사람은
정말 싫어요. 혹사당하며 자란 아이는 커서도
그렇게 되기 쉽다죠?

-시시-

제4장 마음에 대한 이야기

1. 너그러움과 베푸는 마음

〈사랑은 보답을 원하지 않는 사람에게 되돌아오는 것〉

가지고 있는 것을
누군가에게 베풀어라.
그것은 두말할 필요없이
아름다운 일이다.

-H. W. 롱펠로-

'보상을 바라지 않고 자선을 베푼다.' 이것
은 너희들 외할아버지의 좌우명이었지. 세계
대공황이 있던 무렵, 나의 아버지께서는 가난
하셔서(물론 그 당시는 세계의 거의 모든 사람
이 가난했지만) 주머니에 20센트만을 넣어가지
고 매일 뉴욕으로 나가셨다고 한다. 그 중 10
센트는 왕복 지하철 요금이고 나머지 10센트는
점심에 드실 샌드위치 값이었지.

그런데 나의 아버지는 대부분 그 돈을 거지

나 불쌍한 사과 장수에게 주어버리곤 하셨다는
거야. 아버지 생각에는 그들이 당신보다 훨씬
더 가난하고, 도움을 필요로 한다고 생각하신
거지. 그래서 아버지는 늘 사과 한 개로 점심
을 대신하고 8킬로나 되는 먼 길을 걸어다니곤
하셨단다.

아버지의 정에 쉽게 이끌리는 모습을 보고
친구 한 분이 아버지를 놀렸다는구나.

"저기 앉아 구걸하는 거지는 롤스로이스를
타고 다니는 부자일지도 모른다네. 자네를 속
이고 있는지도 모른단 말일세."

그러면 너희 할아버지께서는 마음씨 좋은 미
소를 띠우며 이렇게 말씀하셨다고 한다.

"나는 신의 명령에 따라 행했을 뿐이야. 만
약 저 친구가 부자면서 길거리에서 구걸을 할
만큼 영악하다면 설사 그가 억만장자라도 마음
은 나보다 가난하다는 말일세. 내가 준 돈을
그가 어떻게 사용하든 나와는 상관없는 일이
지."

구하는 사람에게 선의를 가지고 베풀자
엄마는 너희 할아버지 이야기를 듣고 관대함
에 대해 자주 생각하게 되었단다. 그리고 시간

이 흘러가면서 관대한 마음씨야말로 이 세상에 존재하는 모든 선행의 근본이라고 생각하게 되었지.

사랑이란 묘해서 베풀면 베푼 만큼 그 사람에게 사랑이 다시 되돌아 온단다. 시간을 유용하게 사용하면 좋은 일을 할 수가 있고, 돈을 인색하게 사용하지 않으면 가난한 사람을 도와줄 수 있으며, 지식을 다른 사람과 나누어 가지면 끝없는 배움이 가능한 거야.

너희도 할아버지처럼 관대함을 발휘하렴. 그러한 스스로의 행동이 어떤 결과를 낳을 것인가에 대한 기대는 하지 않도록 하고 말이다.

선의를 가지고 타인에게 선행을 베풀면 많은 사람이 구제받을 수 있는 거야. 길거리에서 동전을 구걸하는 사람을 보고 25센트짜리 동전을 주고 싶으면 그렇게 하렴. 네가 누군가를 거들어 줄 수 있다면, 가르칠 수 있다면, 그리고 네가 옆에 있어 주기를 바라는 사람이 있다면 그렇게 해주려므나.

사랑하는 딸들아, 아무리 화려한 선물도 진심에서 우러나오는 것이 아니면 가치가 없는 것이다. 또한 아무리 보잘것 없는 선물이라도 정성이 듬뿍 담겨있으면 이보다 더 훌륭한 보물은 없지.

나의 아버지는 종종 이렇게 말씀하시곤 했어. 〈어떤 방법으로든 선의를 베풀면 그것은 나중에 백 배로 돌아온다〉고. 그 말은 확실히 맞는 것 같다. 너희 할아버지만큼 사람들로부터 존경을 받은 사람은 흔치가 않으니까 말이다. 이건 할아버지가 너희에게 주신 귀중한 유산이란다. 그 어떤 것과도 바꿀 수도 없는.

* 딸들의 의견 *

자신에게 관대함이 없으면 결코 타인에게 그것을 바랄 수 없어요. 다른 사람에게 뭔가를 빌리고 싶거나 나눠갖기를 원해도 평소 자신이 그렇게 해오지 않았다면 가능하지가 않지요. 저는 그래도 관대한 편이지요. 물론 언니에게는 예외이지만요.

-시시-

사람들은 마음만 먹으면 보다 관대해질 수 있는데 그러기를 피하는 것 같아요. 혹시 자신의 행위가 결실을 거두지 못할까봐 두려워하기 때문이 아닐까요? 하지만 관대함은 중요한 미

덕이고 그것을 행하면 나름대로의 만족감이 있
어요. 또한 다른 사람을 행복하게 했다고 생각
하면 제 기분도 좋아지잖아요.

-로라-

2. 실패는 성공의 밑거름이다

〈실패는 많은 것을 가르쳐 준다〉

아인슈타인 박사는 〈성공한 사람이 되려 하기보다는 남에게 없어서는 안 될 사람이 되자〉라는 말을 강조했단다. 참으로 멋지고 훌륭한 충고라고 생각한다.

현대를 살아가는 우리는 대부분 어떠한 일을 함에 있어 성공을 목적으로 하고 있다. 또한 미국은 공격적이고 성공 지향적인 분위기가 강해서 반드시 성공해야 한다는 중압감을 사람들에게 심어 놓았다. 그래서 엄마는 지금부터 너희와 '실패'라는 문제를 놓고 잠깐 생각해 보려고 한다.

쓰러져도 다시 일어난다

실패라는 요물은 평생 우리 곁에 들러붙어 늘 기회를 엿보고 있단다. 물론 사람들은 실패에 대해 마음속으로 혼자 초조해할 뿐, 큰 소리로 떠벌리지는 않는다.

어쨌거나 우리는 골인 지점까지 실패와 나란히 달리고 있음을 항상 염두에 두고 있어야만 한다. 시험, 업무, 치열한 대결, 심지어는 오락 게임에서조차 실패의 가능성은 있게 마련이지 않니? 그러니 언제나 우리 주위를 맴돌고 있는 실패에 대해 함께 생각해 보도록 하자.

너희에게 가장 먼저 해주고 싶은 말은 미리부터 실패를 할 것이라고 예측하지 말라는 것이다. 대신 긍정적인 전망, 즉 희망을 가지고 있으면 그것으로 이미 반은 성공한 거나 마찬가지야.

그리고 만약 실패를 하게 되면 적극적으로 대처해 나가야 한다. 쓰러져도 다시 일어나는 오뚜기처럼 다시 시도하는 거야. 끈기와 노력은 반드시 성공을 가져다 줄 테니까 말이다. 실패는 성공의 어머니라는 말은 너희들도 익히 들었으리라 믿는다.

시행착오라는 말이 있지. 과학적인 증명을 하기 위해서도 시행착오는 늘 되풀이되고 있단다. 몇 번의 실패는 오히려 값진 경험이 되어 세상을 살아가는 데에 커다란 도움을 주기

도 한다.

사랑하는 딸들아, 만약 실패를 하게 되더라도 절대 의기소침해서는 안 된다. 무력감과 절망감은 자기를 구렁텅이에 빠뜨리는 결과를 초래하니까 말이다. 더군다나 사소한 실패라면 그것을 서둘러 잊도록 하렴. 소극적인 사고방식은 승리로부터 자신을 멀어지게 만든다는 사실을 항상 기억하기 바란다.

자신의 척도로 성공을 가늠한다

실패란 주관적인 판단을 근거로 하고 있다. 그래서 타인의 눈으로 볼 때는 실패라고 할 수가 있지만 자신은 대단한 성공을 거둔 경우도 있어. 너희들도 알고 있겠지만 링컨은 대통령이 될 때까지 실패만을 끊임없이 거듭하지 않았느냐. 그러나 그는 결코 평범하지 않은 성공자이고 마음이 따뜻한 인물이었다.

자신의 척도로 인생의 성공 여부를 판단하는 것은 대단히 중요한 일이다. 타인들이 비난이나 조소섞인 손가락질을 한다고 하더라도 자신의 잣대로 쟀을 때 그것이 성공을 가리킨다면 그는 성공한 사람이다.

또한 세상에는 상식적인 척도로는 잴 수 없

는 것들이 매우 많단다. 아인슈타인은 수학에서 낙제를 했지만 상대성 이론을 완성시켰고, 에디슨은 중학교를 중퇴했지만 전구를 발명했으며, 모든 일에 실패만 하던 링컨은 대통령까지 되었잖니?

사랑하는 딸들아, 너희도 앞으로 실패할 때가 있을 것이다. 좋은 점수를 얻을 줄 알았던 시험에서 떨어지거나 우승을 장담한 달리기 시합에서 꼴찌를 하는 경우도 있을 거야. 또한 동료들과 견해가 달라서 비웃음을 사는 일도 있겠지.

하지만 그런 것은 전혀 문제가 되지 않는단다. 문제는 너희가 실패에 어떻게 반응하고, 그것을 통해 무엇을 배우느냐에 있어. 그에 따라 실패를 성공의 발판으로 삼을 수도, 주저앉을 수도 있지.

〈호랑이를 잡으려면 호랑이 굴로 들어가라〉는 말이 있다. 그리고 아인슈타인이 말한 〈남에게 없어서는 안 될 사람〉이 되기 위해서는 여러 가지 일을 해봐야 한다. 또한 실패를 무작정 두려워하는 사고방식을 버려야 하는 거야. 성공과 실패를 함께 체험한 사람이 결국에는 무한한 꿈을 이룰 수가 있는 거란다.

＊ 딸들의 의견 ＊

최선을 다했지만 성공을 거두지 못한 경우,
그 사람을 책망해서는 안 된다고 생각합니다.
사람은 누구나 크든 작든 실패를 하게 마련이
니까요. 신이 아닌 이상 어떻게 모든 일을 완
전무결하게 하겠어요?

실패했다고 해서 〈자포자기〉하면 안 된다는
사실은 알고 있습니다. 침착한 태도로 다시 한
번 용기를 내서 시도해 봐야죠.

-브론빈-

무슨 일에 실패해도 다시 도전하려는 투지가
중요하다고 생각합니다. 성공하려면 끝까지 포
기하지 말고 노력해야죠.

-로라-

3. 성실함을 잃지 말라

〈아무리 손해를 보더라도 바른 길을 선택하라〉

사람의 본성을 알려면
아무도 보지 않을 때
그가 어떻게 행동하는가를 보면 된다.

-토마스 버빙턴 마코렐 경-

"거짓말을 함으로써 입게 되는 최대의 손해
는 두 번 다시 사람들로부터 신용을 얻지 못하
는 일이다"라는 말이 있다. 이것은 명예의 문
제에도 그대로 적용된다. 명예를 존중하는 사
람은 타인도 그러기를 기대하고, 성실한 사람
은 타인도 성실하기를 기대하는 법이란다.

사랑하는 딸들아, 엄마는 너희가 신용있고
명예롭고 성실한 사람이 되었으면 좋겠구나.
슬픈 일이지만 점점 '약아지고' '빈틈없고'
'실속만 차리는' 젊은이는 늘어나고 신용이나

명예, 성실성을 지키는 젊은이는 줄어드는 것 같더구나.

너희들 그거 아니? 오래 전에는 누구나 신사, 숙녀가 되려고 많은 노력을 했단다. 신사, 숙녀는 나이를 먹으면 자연히 되는 게 아니냐고? 그렇지 않단다. 과거에는 진정한 의미의 신사, 숙녀란 다음과 같은 자질을 갖추어야만 되었지.

1)영혼의 고귀함

먼저 어떤 경우에도 도덕적으로 올바른 행동을 해야만 했단다. 즉 숙녀가 곤경에 처해 있으면 신사는 만사를 제쳐놓고 달려가 구원을 해주어야 했지. 그렇지 않으면 신사의 명예는 크게 손상되었다. 또한 명예를 위해서는 자신의 희생도 달게 받아야 했어.

2)명예

절대로 꽁무니를 빼는 일이 없었단다. 그 사람이 수행해야 할 일이라면 그것이 무슨 일이든지 행했어. 그렇지 않으면 자신의 명예가 실추된다고 생각했었으니까. 힘든 일을 앞에 놓고 몸을 숨겼다고 기뻐하는 사람은 없었단다.

3)성실

예전에는 사람의 말 한 마디가 증서와도 같
았다. 그리하여 사회는 그것에 의해 성립되고
서로의 말을 준수하며 심지어 그것이 도덕적
기준이 되었지.

명예와 신용과 성실이 일상 생활에 있어 중
요한 부분을 차지했기 때문에 그것을 무시한
행동은 상상할 수도 없었지.

엄마가 이런 말을 하면 시대에 뒤떨어진 진
부한 말이라고 생각할 수도 있겠구나. 그러나
엄마는 아직까지 사물의 본질은 변하지 않았다
고 생각한다. 가치관이 혼란스러운 시대일수록
도덕적 기준을 세우는 것이 무엇보다 중요하
지.

작은 일도 속이지 말자

매사에 도덕적으로 행동하기란 다른 사람이
그렇게 행동하지 않기 때문에 더욱 어렵게 되
었다. 더구나 현대 사회는 바른 것과 그른 것
을 구별하기조차 쉽지가 않은 복잡함이 얽혀
있다.

너희도 알다시피 항상 올바른 행동을 하기란
결코 쉬운 일이 아니다. 특히 자신에게 불리할

때나 난처한 일에 직면하면 자기 본위로만 행동하게 되는 게 사람이란다. 그래서 어떤 이가 인간의 본성은 어둠 속에서 나타난다고 했다지?

엄마는 고등학교 다닐 때 〈아무도 모르는데, 어떻게 해야 하나?〉 하는 상황에 놓인 적이 있었단다. 엄마는 졸업식에서 졸업생 대표로서 고별사를 낭독하게 될 것으로 생각하고 있었는데, 남학생 한 명이 경쟁자로 나타나 엄마와 수석 자리를 놓고 다투게 되었지.

그런데 엄마는 그 남학생이 졸업 시험에서 컨닝을 계획하고 있다는 사실을 알게 되었어. 그렇게 되면 그는 우수한 성적을 거두게 될 것이고, 졸업생 대표도 당연히 그가 되겠지. 엄마는 화가 났고 그런 다음 어떻게 해야 할지 망설였어. 그가 하면 나도 한다? 그만이 컨닝을 하는 건 불공평하지 않은가?

나는 이 일을 부모님과 의논했어. 부모님은 〈네 스스로 결정하라〉고 말씀하셨어. 그리고 덧붙여 〈네가 바른 길을 선택하든 그른 길을 선택하든 아무도 모르긴 하겠지만〉이라고 말씀하셨지. 내가 어떤 결정을 내리든 일의 진상은 스스로가 책임지며 살아가는 것이라는 말씀을 하시면서 말이다.

너희는 엄마가 어떤 결정을 했을지 매우 흥미진진할 거야. 그러나 엄마는 컨닝 따위는 하지 않기로 결정했단다. 그 결과 성적은 그 남학생보다 약간 낮았지.

사랑하는 딸들아, 세상 사람들 눈에는 그가 승리자로 보였을지 모르지만 엄마는 나 자신이 한 정당한 행동에 대해 무척 뿌듯했단다.

이때의 경험이 엄마에게 큰 의미를 부여했지. 그래서 엄마는 줄곧 어떠한 손해를 보더라도 정도(正道)만을 걸어오게 되었고, 그것에서 큰 기쁨을 느끼게 되었다.

그렇다고 엄마가 그저 좋기만한 호인이라는 얘기는 아니다. 단지 엄마는 너희에게 무질서보다는 질서가, 미개보다는 문명이, 치욕보다는 명예가 가치있음을 말하고 싶은 것이다.

자기의 태도는 남이 있든 없든 정당한 쪽을 택해야 해. 아무리 작은 일도 한두 번 속이다 보면 그것이 습관이 되니까 말이다. 컨닝으로 좋은 점수를 받게 되면 시험을 앞두고 밤새워 공부하는 것이 어리석게 느껴진다. 또한 속임수로 성공을 거두게 되면 그것에 재미를 붙여 똑같은 행동을 반복하게 됨을 기억하렴.

윤리관을 가지자

너희들 자신이 신뢰 받는 인간이며, 타인을 신뢰할 수 있다는 것은 지극히 중요한 일이다. 그런데 어째서 이 말이 시대에 뒤떨어진 진부한 것으로 전락했는지 모르겠구나. 지금부터 이 문제에 대해 생각해 보도록 하자.

예를 들어, 너희가 만약 나의 말을 믿지 못하고 끊임없이 의심해야만 한다면 어떻게 될까? 나의 이야기와 충고, 그리고 내가 너희에게 주는 정보가 모두 거짓이라고 생각된다면 우리의 삶은 지극히 번거로워질 것은 자명한 일이다.

명예와 신뢰를 중시하는 것이 시대에 뒤떨어진 일이기 때문에 가족과 친구들의 말을 모두 의심해야 한다면 그것은 정말 무서운 일이 아니니?

엄마가 너무 극단적으로 말을 했는지 모르겠지만 적절한 비유일 거야. 예전의 도덕적 가치관이 사라지고 명예와 신용, 성실이 때와 장소에 따라 불명예로 돌변해 버린다면, 문명은 땅에 떨어지고 결국 피해를 입는 것은 우리들 자신이겠지.

그렇다고 엄마가 너희 세대를 신용하지 않

는다는 건 아니다. 그러나 젊은 사람은 퇴폐적
인 분위기나 사물의 이면에 숨어있는 해로운
점에 영향받기 쉽지. 텔레비전은 선과 악을 모
두 가정으로 끌어들이거든. 도덕적인 길잡이
를 제대로 갖추지 못한 상황에서는 선악을 분
간해내기란 쉽지가 않단다.

　이러한 혼란 속에서 자신을 지키는 가장 좋
은 방법은 자기 나름의 확실한 윤리관을 갖는
일이야. 세상을 살아가다 보면 곤란한 상황에
처하게 되는 경우가 비일비재하다. 물러설 수
도 없고 나아갈 수도 없는 난처한 상황이 우리
에게는 늘 도래하고 있다는 말이다. 그 가운데
는 먼훗날까지 엄청난 영향을 끼치는 사안도
있을 것이다. 그럴 때일수록 자기 나름의 확고
한 윤리관이 있으면 보다 올바른 행동의 결정
을 내릴 수 있으리라고 이 엄마는 굳게 믿고
있다.

＊ 딸들의 의견 ＊

　신용이란 스스로의 노력에 의해서 취득되어
지는 것이라고 생각합니다.

-지지-

누구나 신용과 명예를 존중해야 합니다. 서
로를 신용한다는 것은 대단히 중요한 일이며,
그것은 모든 인간 관계의 기본이기 때문입
니다. 어머니와 딸, 남자친구와 여자친구 사이
에 신용이 없다면 그 관계는 아무런 의미도 없
어지고 말지요.

-시시-

저는 부모가 자녀를 더많이 신뢰했으면 좋겠
어요. 그것이 부모의 도리가 아닐까요? 모든
자녀는 자신이 부모로부터 신뢰받고 있다고 생
각하면 그 기대에 어긋나지 않기 위해 노력할
것입니다. 부모의 믿음을 저버리는 행동을 하
는 아이들은 부모가 자신을 믿지 않는다고 생
각하기 때문이라는 생각이 듭니다.

-로라-

4. 예의바른 품위를 가져라

〈남녀평등의 시대이지만 여성 본연의 마음을 잊지 않기를〉

예의 바르게 행동하는 것은
한 푼의 돈도 들지 않지만
상대방에게 많은 것을 준다.
이는 또한 기쁨이나 자비와 같이
자신에게도 행복을 가져다준다.

-아리스타 위맨-

엄마가 젊었을 때 어느 에티켓 평론가는 〈예
의범절이란 타인을 손상시키지 않는 것이다〉라
는 말을 했다. 나는 이 말을 예의에 대한 적절
한 정의라고 생각한다.

타인이 편안한 마음이 되도록 너희가 조금만
신경을 쓰면 자연스럽게 너희의 기분도 편안해
진단다. 예의범절을 타인에 대한 배려라고 생
각하면 그것이 더이상 어색하지 않게 되거든.

　단순히 사교적인 모임에 대한 에티켓을 배우는 것이 중요한 것이 아니라 그 배움을 인생을 살아가는 방법으로 확대해서 생각하는 일은 중요하다. 품위란 사람의 부나 환경과는 상관이 없지. 작고 초라한 오두막집에서도 왕후와 같은 대접은 언제나 가능한 일이니까.

　문제는 남을 기쁘게 하려는 마음이 있느냐 없느냐에 달려있어. 너희들은 타인을 배려해주고 상대방의 기분을 헤아려줄 마음이 있는지 궁금하구나. 우리 여성에게는 그것이 그리 어려운 문제는 아닐 거야. 여성은 아기를 키우는 역할을 맡아왔고, 그래서 사랑이 충만되어 있으며, 본능적으로 사람을 돌보아주는 천부적인 재능을 가졌으니까 말이다.

　사랑하는 딸들아, 여성해방 운동가들의 목소리가 드높았을 무렵 남자들이 어떤 말을 했는지 아느냐?

　"평등해지면 이제 여성을 위해 의자를 당겨주거나 문을 열어주지 않아도 되겠구만."

　이 얼마나 속좁고 바보같은 생각이냐? 우리 여성들은 의자를 당겨주거나 문을 열어주는 남성의 모습을 품위있게 여기고, 우리 역시 그것을 우아하게 받아들이고 있는데 말이다.

평등이 남녀간의 예절까지 파괴한다면 이는 정말 슬픈 일이다. 예절은 인생에 기쁨과 아름다움을 더해주는 소중한 보물이라는 사실을 기억하기 바란다.

예절은 기분좋은 안정제

시대에 따라 예법은 변하지만 그 원칙은 변하지 않는다. 현대를 살아가면서 한쪽 발을 뒤로 빼고 인사할 필요는 없지만 정중한 악수는 필요하듯이 말이다.

엄마는 예의범절이 일종의 안정제 역할을 한다고 생각해. 예의범절은 자신의 자존심을 손상시키지 않으면서 사회의 여러 가지 장벽을 넘을 수 있도록 도와주고 있지 않니? 그것은 또한 난폭하고 성급하며 무뚝뚝한 현대인의 일상 생활을 부드럽게 해주는 역할도 한다.

사랑하는 딸들아, 주위 사람들에게 관심을 갖고 시시한 약속일지라도 성의있게 지킨다면 서로의 관계는 점점 편안해 질 것이다. 예절을 지키고 품위를 갖추면 자신의 생활도 쾌적해 진다는 사실을 명심하렴.

인류는 문명화되기 위해 몇 천 년의 세월을 보냈어. 오랜 세월을 거쳐 형상화된 것을 실행

에 옮기면 인생은 상상한 것보다 훨씬 즐거울
수 있을 거야.

* 딸들의 의견 *

예의범절과 품위에 대해서 언제나 신경을 쓰
고 있어요. 사람은 행동으로 판단되어 지니까
요. 식사할 때나 전화를 걸 때, 그리고 다른
사람과 말하고 악수할 때 언제나 남들이 나를
주목하고 있음을 기억하고 있답니다. 예의바르
게 행동하고 다른 사람에게 좋은 인상을 주는
것은 바로 내 몫이니까요.

-시시-

5. 우정이란 무엇인가

〈생동하는 용기를 구하며〉

우정이라는 문제에 있어서 만큼은 엄마의 조언이 그다지 필요하지 않을 듯 싶다. 너희는 친구들과 우정을 오랫동안 나누어 왔고 우정이 무엇인지도 잘 알고 있을 테니까 말이다.

그러나 단지 엄마는 너희보다 세상을 조금 더 살았고 우정에 대한 경험이 조금 더 많다는 입장에서 몇 마디 조언을 해주고자 한다.

결점이 있어도 친구는 친구

우정에는 기브 앤드 테이크가 따르게 마련이다. 물론 그 균형은 때때로 변하기도 한다. 어떤 때는 주기만 하고 어느 때는 받기만 하는 우정도 있으니까. 그러나 오랜 세월을 두고 보면 서로 평등함을 알게 될 거야.

1)친한 사이에도 예의는 있다

관심을 갖고 하는 행동과 쓸데없는 간섭은 구별되어야 한다. 또한 마음을 써주는 것과 잔소리는 분명히 다른 것이지. 상대방이 인정하는 선을 넘어서까지 친구의 사생활에 파고드는 것은 결코 좋지 않다.

따라서 우정을 지속시키고 싶으면 그 선을 항상 염두에 두어야 한다. 예를 들어 네가 친구에게 〈너는 너무 뚱뚱하구나〉라고 말하면 그 친구의 기분은 당연히 언짢아지겠지?

그러나 반대로 친구가 너에게 비만의 고민을 털어 놓으며 상담을 청해 온다면 응해 주렴.

2)우정에도 계절이 있다

우정도 여러 형태로 나타나서 깊어가는 우정, 수그러드는 우정, 일정한 형태로 고정되는 우정이 있다. 우정에는 또한 계절이라는 것이 있단다. 매우 친밀할 때가 있는가 하면, 일정 거리를 유지하는 것이 현명할 때도 있는 거야. 독신으로 홀가분할 때는 친구와 만날 기회가 많겠지만 양쪽 모두 결혼을 했거나 이사를 하면 왕래하는 일도 적어지고 우정의 깊이도 변하게 된다.

3)자신을 드러낸다

엄마는 서로의 일에 대해 관심이 있는 친구를 갖고 있다. 너희는 누구에게 비밀 이야기를 털어 놓느냐? 안심하고 비밀 이야기를 할 수 있는 상대는 역시 절친한 친구일 것이라는 생각이 든다. 단순히 알고 지내는 사람에게는 그럴 수가 없지 않겠니?

진정으로 우정을 나누는 사람에게는 누구나 안심하고 자신의 감정을 솔직하게 나타낼 수 있으며 꾸미지 않은 본래의 모습을 보일 수 있다. 인도의 위대한 철학자이며 시인인 타고르는 자신의 결점을 알면서도 변함없이 사랑해 주는 친구에게 늘 감사의 편지를 보냈다고 한다.

서로 있는 그대로의 자신을 숨기지 않고 교제를 하면 비록 결점이 있을지라도 자신은 여전히 사랑을 받고 있다는 기쁨을 맛보게 된단다.

4)친구의 선택은 직관이 중요하다

친구를 선택하는 데에는 뭔가 운명적인 힘이 작용하는 듯이 보이기도 한다. 처음 만나도 오래 전부터 사귀어온 친구처럼 친근한 사람이 있거든. 이런 사람은 아마도 전생에 가까운 사이였던 모양이지? 나의 경우는 순식간에 의기투합하는 친구도 있었지만, 대부분의 경우에는 어떤 사람을 친구로 생각하기까지는 상당한 시간을 필요로 하곤 했단다.

물론 모든 친구 관계가 이상적이지는 않아서, 그 중에는 실망을 주는 경우도 있었지. 친구를 선택하는데 있어 엄마가 너희에게 해주고 싶은 말은 〈너희의 직관력을 믿으라〉는 것이다. 사람의 감정과 이성은 조화되어 작용하는 것이니까.

엄마가 말하지 않아도 알겠지만 단순히 부와 명성에 현혹되지 말고, 정신적으로 풍요로운 사람을 선택해야 한다. 진정한 우정은 서로를 윤택하고 즐겁게 만들어 준다. 많은 것을 벗에게서 배우고 그럼으로써 함께 성장할 수가 있어. 엄마는 솔직하고 지적이며 뛰어난 직관력을 가진 너희들 모두가 현명한 친구를 선택하리라 믿고 있다.

5)험담은 금물이다

친구를 사귈 때는 성실해야 한다. 너희들이 친구의 험담을 하지 않는 것은 물론이며 친구

도 네 앞에서 다른 사람의 험담을 하지 못하게
해야 한다. 남의 말하기 좋아하는 친구는 진정
한 친구가 아니다. 만약 친구가 너희에게 무언
가를 털어놓았다면 절대로 그 말을 남에게 옮
겨서는 안 된다. 정말로 신뢰할 수 있는 친구
를 곁에 두고 마음을 열며 살아가는 사람은 아
주 행복한 거야.

우정은 마음을 든든하게 해준다

남자의 우정에 대해 직접적으로 알지는 못하
지만 대체적으로 남자는 여자만큼 친숙한 친구
관계를 갖고 있지 않은 것 같다. 남성은 아마
도 스스로의 힘으로 살아가도록 교육받아 왔기
때문일 거야. 그렇지 않으면 유아기에 주입된
프로그래밍의 영향이든지.

그것에 비하면 여성은 우정을 기르는 일에
훨씬 능숙하다고 할 수가 있다. 우리는 서로
세상 살아가는 이야기나 기쁨과 슬픔도 함께
나누잖니? 그리고 서로 알고 있는 생활의 지
혜도 나누고 말이다.

엄마가 샬로트에 살았던 2년 동안 친구 두
명이 엄마를 많이 도와주었지. 엄마는 당시 많
은 것이 낯설었는데 그럴 때마다 친절하게 알

려주곤 했단다. 그러다가 내가 북부로 이사오
면서 연락이 끊겨 10년이나 소식을 모르고 지
냈다. 그런데 바로 일 주일 전 그 중 한 사람
이 갑자기 뉴욕을 찾아왔지 뭐니? 그래서 우
리는 반갑게 식사를 같이 하게 되었다.

추억을 떠올리며 옛날 이야기를 많이 했지.
여성 특유의 유대감이야말로 견디기 힘든 세상
을 살아가는 데에 든든한 뒷받침이 되어준
단다.

이러한 결속은 남녀간의 우정과는 확실히 다
른 점이 있다. 여자끼리의 우정은 서로를 위로
하고 의지하며 여러 가지 경험을 나누기도
한다. 여성 사이에만 통하는 위로와 격려의 언
어가 있으니까 말이다. 이러한 언어로 맺어진
여성 사이의 우정은 단결력이 강해서 결코 남
성이 끼어 들 수가 없단다.

사랑하는 딸들아, 너희에게 한 마디 당부하
고 싶은 게 있구나. 이상하게 들릴지 모르지만
엄마는 '여성끼리의 유대는 강하다'는 사고 방
식을 경계하고 있기도 하단다. 물론 엄마는 여
자 친구에게 뜨거운 우정을 느끼기는 하지만
소위 페미니스트 운동에서 부르짖는 '여성의
단결'에는 부정적인 생각을 갖고 있기 때문

이다.

강력한 '여성의 단결'은 어딘지 섬찟한 느낌
이 들곤 한다. 이를테면 나는 그 말에서 제복
으로 몸을 감싼 여성이 행진하는 모습이 떠오
르곤 하거든. 누군가에게 압력을 가하려 하지
않는다면 힘의 과시 따위가 과연 필요할까?
그러한 호전적 열광주의는 나를 우울하게 만
든다. 더구나 보기에도 강력한 여성동맹은 자
칫, 엘리트 집단의 착각을 불러 일으키지는 않
을까? 엄마는 그것이 매우 걱정스럽다.

가족 혹은 문명을 구하기 위해서는 남녀가
서로를 이해하고 손을 마주 잡아야 하는 거야.
분단이나 힘에 의한 위협은 의사전달을 어렵게
만들 뿐이지.

현대는 남녀의 진실한 우정이 싹틀 시대

어떤 여성이 이렇게 말하더구나.

"남편에게도 여자 친구들에게 말하는 것처럼
솔직하게 말할 수 있고, 어떠한 어려움도 이해
받을 수 있다면 정말 좋을 텐데요."

나는 그녀가 무엇을 말하려는지 알 것 같더
라. 그러나 똑같은 경험을 가지고 있으면, 굳
이 서로를 이해시키기 위한 말은 필요가 없지.

이러한 완전한 이해는 남녀 사이에도 필요하며 그것을 얻기 위해서는 어떠한 노력도 아껴서는 안 된단다.

최근 들어 사회 분위기는 남녀 사이에도 진실한 우정이 싹트는 것 같더라. 시시야, 너는 지지와 남자 친구 얘기를 즐겁게 하지. 그리고 브론빈, 네가 남자 친구와 얘기하는 모습은 여자 친구와 얘기할 때와 다름없이 다정해 보이더라. 꾸미지 않은 진실한 대화를 나누는 듯이 보여서 나는 기분이 좋았단다.

엄마가 너희 만할 때는 남자도 여자도 여러 가지 임기응변으로 자신을 숨기곤 했다. 그래서 서로의 본심을 알기란 아주 어려웠지. 그러나 요즘은 이성간에도 있는 그대로 자신을 솔직히 내보이는 것 같아 참 다행이야.

확실히 여자 친구는 세상을 살아가는 동안 의지가 되지. 하지만 너희 세대는 여자 친구만큼 남편에게도 자신을 이해받을 수 있는 세대가 되길 진심으로 바란다.

✳ 딸들의 의견 ✳

저는 상대방에게 진정한 친구가 되어주려 하

지만 그것이 그리 간단한 문제는 아니랍니다.
상대방의 기분을 이해하고 결점을 용서해 주
며, 희망을 주어야만 하니까요. 그리고 또 상
대방의 사고 방식도 존중해 주어야 하죠. 제일
중요한 것은 상대방을 진심으로 위하고 좋아하
는 마음을 갖는 것이겠지요.

-로라-

친구라면 상대가 곤란에 처했을 때 도와줄
수 있어야 합니다. 그리고 어려운 일에 처하면
위로해 주고, 곁에 함께 있어주기를 바라면 그
래 줘야 합니다. 화가 났을 때도, 울고 있을
때도, 수다를 떨고 있을 때도, 우스운 이야기
를 듣고 배꼽을 잡고 뒹굴 때도 함께 있어야
죠. 저는 친구와 웃음이 멈추지 않아 허리를
움켜잡고 깔깔거릴 때 제일 행복해요.

-브론빈-

친구라면 상대를 신용하고 상대를 좋아하며,
작은 일이라도 함께 얘기할 수 있어야죠. 우정
이란 신뢰할 수 있는 사람에게 사랑받으며, 인
정받고 있다는 감정이라고 생각합니다.

-시시-

6. 뜻밖의 일

〈마음을 열고 변화와 진보를 받아들이자〉

폭포 근처에 살고 있으면서
그 위험에 대비하지 않는 것은
올바른 태도가 아니다.

-J.R. 트루킹-

엄마는 지금까지 살면서 예기치 못했던 일들
에 부딪힌 적이 아주 많았단다. 누군가는 엄마
에게 〈파란만장〉한 인생을 살고 있다고 말하기
도 했지.

딸들아, 인간이 가진 여러 가지 능력 중에서
가장 훌륭한 것이 무엇인지 아느냐? 그것은
바로 유연성이라는 것이란다. 때에 따라 변화
하고 성장할 수 있는 능력 말이다. 자신의 인
생 행로에 대해 마치 콘크리트로 다져놓은 듯
완전하게 계획을 세워 놓은 사람도 있겠지만

그런 사람의 인생은 기쁨도 놀라움도 없지.

지구의 역사상 너희 세대만큼 성장과 진화의 능력이 요구되는 세대는 없을 거야. 지난 1세기 동안 일어난 공업, 기술, 의학, 과학, 심리학상의 눈부신 성장을 생각해 보렴.

나의 부모님이 태어난 시대에는 라디오나 비행기도 없었고, 자동차도 구경하기 힘들었단다. 우주여행, 텔레비젼, 레이저 광선 이런 것들은 모두 엄마 세대에 이르러서의 이야기이지. 너희들 세대에서는 무엇이 발명되고 발견될지는 오직 신만이 알고 계실 거야.

그러나 우리가 알고 있는 확실한 것은 진보에 가속도가 붙어 있다는 것이다. 더구나 그것은 금세기에 집중되어 있지. 이러한 상태로 발전되어 가면 기적도 이미 기적이 될 수 없을 것이다. 여기서 엄마는 〈뜻밖의 일〉에 대해 생각해보려 한다.

새로운 사고에도 눈을 돌려보는 유연성

엄마는 늘 뜻밖의 일을 기대하고 있다. 그것이 지적인 것이든 정신적인 것이든 모든 놀라움에 대해 환영할 준비가 되어 있다는 말이다.

너희는 다행히 고리타분한 성격을 가지고 있

지는 않은 것같더라. 부탁하건대 자신의 인생이 아무리 순조롭다고 하더라도 보수적이 아닌 진보적인 것에 눈을 돌려보기 바란다. 이해심을 발휘하여 마음의 문을 열고, 지혜의 샘을 충분히 맛보렴. 그리고 너희 스스로가 용기를 가지고 불가능에 도전하여 정신적인 영역을 점점 넓혀 갔으면 좋겠구나.

마음의 문을 닫아 버린 사람들은 흔해 빠진 인생밖에 보낼 수가 없다. 물론 그것이 안전한 길인 것은 틀림없지만 말이다. 탐구심이야말로 미지의 세계로 향하는 유일한 패스포트임을 기억해야 한다. 마음의 창을 활짝 열어두면 둘수록 예기치 않은 일들이 발생할 가능성은 커지는 법이다.

사랑하는 딸들아, 잠시 미래의 일을 상상해 보자. 점점 연장되는 평균 수명, 우주 여행, 말을 알아듣는 텔레비전, 텔레파시 등등이 떠오르지? 또한 어두운 면으로는 인구 과밀, 환경오염, 핵의 위협 등이 도사리고 있다. 물론 앞으로 20년이 지나면 세상이 어떻게 바뀔지는 아무도 모른다.

장래 어떤 일이 일어나든, 그것에 대비하기 위해서는 확실한 자신감이 있어야 해. 그리고

변화에 뒤떨어지지 않는 적응 능력은 필수적이
란다. 자신감으로 충만되어 있으면 몸을 보호
할 나무 그늘을 찾아 헤매다니는 일도 없을 것
이며, 부적을 손에 들고 다니지 않아도 된다.
자신감이 충만한 사람은 자유롭게 높이 비상할
수 있음을 명심하렴.

　뜻밖의 일에 맞닥들였을 때는 모험심을 잃지
않고 유머와 센스를 갖는 태도가 필요하다. 그
리고 엄마는 너희가 스스로에게 다가온 찬스를
놓치지 않는 현명한 사람이 되기를 바라고
있다.

✳ 딸들의 의견 ✳

　저는 미래에 대해서 그다지 깊이 생각해 본
적이 없어요. 일 주일 후의 계획을 세운다는
것도 제 성격에 맞지 않으니까요. 내일 일을
모르는데 몇 년 뒤의 일을 어떻게 알겠어요?
학교를 졸업하고 성인이 된 후 뭐가 되야할지
생각이 정립되지 않아요. 어떤 직업을 갖게 될
지도 전혀 모르겠구요.

　단지 제가 알고 있는 것은 저는 인생을 즐겁
고 활기차게 살아갈 거라는 사실입니다. 저는

어떤 일이든 그 일을 즐거운 것으로 바꿀 수가 있거든요.

-로라-

엄마, 옛날 어머니들이 생각했던 미래의 시대가 바로 지금이지요. 예상한 대로 되었습니까? 엄마가 우리 나이일 때 엄마의 장래에 대해 많이 상상해 보았겠죠? 결혼하고 아이를 둘이나 셋쯤 낳고, 말 그대로 전형적인 부인이 될 것이라 예상했었나요? 엄마는 아이 때 생각했던 미래를 현실로 보고 있는 셈이군요.

저는 미래를 조바심내고 서두르고 싶지는 않아요. 왜냐하면 현재가 즐겁기 때문이지요. 그러나 미래에 어떤 어려운 일이 생기더라도 그것을 반드시 헤쳐나갈 자신이 있지요. 그래서 지금처럼 즐겁게 살아야죠.

-브론빈-

저는 미래가 너무나도 기대되요! 제가 어른이 되면 생활은 모두 자동화되어 있겠죠. 단추를 누르면 로보트가 나타나 청소를 깨끗이 해 줄 거예요. 빨리 그 날이 왔으면 좋겠습니다.

-시시-

7. 곤란한 일에 부딪히면

〈이까짓 고개쯤 문제 없다는 기관차 정신으로 살아가자〉

브론빈, 며칠 전의 일 생각나니? 엄마가 집에 돌아와 보니 너는 몸을 쭈그린 채 소파에 누워있었지. 다음날이 시험이었는데 몹시 기운이 없어 보였어. 너는 그때 시험 범위의 광대함에 지레 놀라 누워 있었던 거야. 내가 너를 흔들어 일으켰지.

엄마는 그때 한두 시간 너의 공부를 돌봐주면서 두 가지 사실을 알았단다. 그 중 하나는 시험 범위 안에는 네가 새삼스레 공부하지 않아도 이미 알고 있는 분량이 꽤 많이 포함되어 있다는 것, 그리고 나머지 하나는 그래서 새로이 공부해야 할 분량은 많지 않다는 것이었어. 즉 〈걱정하기 보다는 손대보는 것이 낫다〉는 말이 그대로 적용되는 경우였다.

'아무래도 될 것 같지 않은' 일도 행동을 개

시하면 그만큼 일이 진척되게 마련이다. 그리고 어떠한 일에 착수하는 것만으로도 자신감을 얻을 수 있고 의욕을 느끼는 경우도 있단다. 직접 어떤 일에 부딪혀 일을 헤쳐나가다 보면 자신이 목표하는 방향으로 한 걸음 가까이 다가설 수 있는 법이다.

한편 아무것도 하지 않았는데 무력감을 느끼는 경우도 있다. 이러한 태도는 정말 좋지 않단다. 무력감은 곤란을 극복하려는 너의 의지를 꺾어버릴 테니까. 시험도 보기 전에 무력감이 엄습해 오면 '이제 학교를 그만두어야지'하는 극단적인 생각이나, '나는 낙방생이야'하는 자기비하로 이어질 수 있단다.

곤란에 과감히 맞서본다

엄마가 어려서 자신감이 없어졌을 때, 너희 할아버지가 취하신 방법은 대단히 바람직한 것이었다. 내가 도저히 할 수 없을 것 같은 힘든 일을 앞에 놓아두고 고민하면 너희 할아버지는 이렇게 말씀하시곤 했지.

"이것은 꽤 어려운 일이로구나. 자, 아빠가 함께 도와줄게. 우리가 힘을 합치면 할 수 있단다."

어버지는 내가 매사에 적극적인 태도를 갖도록 이끌어주셨다. 우선 내가 하려는 일이 어려운 일임을 인정해 주시고 도와 주시겠다니 나는 마음이 든든할 수밖에. 그리고 그렇게 자신감을 갖고 보니 힘들어 포기하고 싶었던 일도 가능한 일로 보이는 거야. 참 이상하지?

또한 나의 어머니는 놀라울 정도로 능률적인 분이어서, 어떤 어려운 일도 너희 할머니의 손에 일단 닿으면 순식간에 즐거운 일로 바뀌어 버리곤 했다. 더욱이 그것을 매번 빠른 속도로 해치우시곤 하셨지. 나의 어머니는 항상 에너지가 넘치는 활기찬 모습으로 자신의 인생을 살아가셨단다.

엄마도 언제부터인가 부모님의 사고 방식에 익숙해져서 나의 능력에 자신감을 갖게 되었다. 그것은 모두 너희 할머니 덕분이라고 할 수가 있지. 너희도 세상을 살아가다 보면 여러 가지 어려움을 만나게 될 거야. 먼훗날의 얘기지만 업무상의 일이나 아이의 양육 문제, 혹은 애정 문제로 난관에 봉착할 때가 있을 테지. 그러나 강인한 정신력만 가지고 있으면 걱정할 것은 없어.

주의해야 할 점은 어려움을 회피해 버리는

자세이다. 네 힘으로 하려 들지 않고 뭐든지 못하겠다고 엄살을 부리면 정말 하찮은 문제도 해결을 할 수 없게 된단다.

엄마는 부모님의 사고방식에서 많은 것을 배웠지. 부모님의 도움을 받아 여러 가지 난관을 극복할 때마다 언젠가는 자력으로 할 수 있겠지라는 신념을 확고히 했단다. 그리고 이제는 내가 다른 사람에게 손을 내밀어 도와주어야겠다는 생각을 하게 되었고 말이다.

불가능에 도전하라고 해서 상식과 신중함을 모두 내팽개치라는 것은 아니다. 인생의 난관을 분석할 때에는 상식과 신중함이 반드시 필요하다. 용기의 반려자는 '신중'이란다.

마천루(摩天樓)를 조금 왼쪽으로 이동시켜달라는 말을 듣고, 고분고분하게 응할 사람이 있을까? 난관에 맞설 때에는 상황을 세밀하게 관찰하고 정말로 할 수 있을지 없을지 면밀히 살펴보아야만 하는 것이다. 그런 후 할 수 있다는 결론에 도달하면 자신의 두뇌와 체력을 믿어보렴.

고생도 끝이 있다

여기에서 너희가 반드시 알아주었으면 하는

것은 세계의 발전은 불가능에 도전한 사람들 때문에 이루어 졌다는 사실이다. 상상만으로 끝났을지도 모를 신세계를 향해 배를 저어 나간 콜롬부스, 마차를 타고 서부를 향해 끊임없이 발길을 옮긴 개척자들, 불치의 병을 연구하여 치료법을 발명해 낸 사람들, 효과적인 쥐틀을 발명한 사람, 아무도 오르지 못한 산을 정복한 사람, 그리고 맹인을 위해 점자를 가르친 사람들. 이 모든 사람들이 불가능에 도전한 위인이란다. 결국 우리 주위는 작은 기적으로 가득차 있는 셈이지.

너희가 어릴 적에 그림책에서 보았던 조그만 기관차 이야기 생각나니? 미세한 힘으로 높은 산의 고개를 넘는 기관차 이야기 말이야. 〈이 정도의 언덕쯤이야, 이 정도의 고개쯤이야〉 이것은 기관차가 언덕을 올라갈 때 자신을 채찍질하며 되뇌이던 말이지. 그리하여 마침내 산 정상까지 올라가지 않니?

사랑하는 딸들아, 이제부터 도저히 감당하기 어려운 일에 당면하더라도 이 어려움은 곧 끝날 것이라는 확신을 가지렴. 우리는 누구나 다음날 치러야 할 일이 걱정되면 쉽게 잠들지 못하고 뒤척이곤 한다. 너희도 그런 경험이 있을 거야. 밤이 깊어갈수록 불안은 더욱 심해져 가지. 그러나 막상 그 날을 보내고 이튿날이 되면 '무사히 보냈다'는 안도감이 생기고 어제와 똑같은 일상이 펼쳐지곤 하지 않던?

큰 사건이나 위기는 으레 따라다니게 마련이야. 불청객처럼 불쑥 찾아오기는 하지만 다행히 언젠가는 사라져 버리잖니? 엄마가 경험한 여러 가지 고난 중에는 교훈을 남기고 결실을 맺은 것도 있고, 괴로움만 남긴 채 아무런 수확을 거두지 못한 것도 있단다. 고난을 극복한 적도 그것에 굴복한 적도 있었지. 문제는 결과가 아니라 방법에 있단다. 고난을 극복하겠다는 생각조차 갖지 않고 포기하는 건 어리석은 짓이야.

사랑스러운 딸들아! 엄마는 너희가 곤란한 상황에 직면하면 기꺼이 도와줄 용의가 있단다. 엄마의 도움이 필요하다고 생각되면 서슴지 말고 도움을 구하렴. 무슨 일이든 힘을 합치면 수월한 법이니까.

8. 솔직하게 행동하자

〈애매함이 없어지면 에너지는 완전 연소된다〉

두 점 사이의 최단 거리는 직선이다.

-수학 공식-

사랑하는 딸들아, 우리는 솔직함이 그다지 장려되고 있지 않은 세상에서 살고 있다. 아장 아장 걸음마를 시작할 때부터 진실된 말은 하지 못하도록 강요당하기도 하잖니?

"그 부인의 모자를 예쁘지 않다고 말해서는 안 돼" "선생님 반이 되어 너무 기뻐요라고 말씀드리렴" 어떤 아이는 그처럼 엄마가 시키는 대로 앵무새처럼 말을 하기도 한다. 사실은 모자가 예쁘지도 선생님반이 되어 기쁘지도 않은데 말이야. 우리 인간들은 어찌보면 사실대로 말하지 않고 교묘한 방법으로 사실을 숨기는 것을 어려서부터 배우는 셈이다.

딸들아, 너희가 친구로부터 주말에 자기 집에 놀러오라는 초대를 받았다고 하자. 별로 가고 싶지 않지만 싫다고 말하면 화를 낼 것 같아 우물쭈물거리다가 당일이 되어서야 무슨 일이 생겨서 못가겠다고 변명을 늘어놓으면 어떻게 될까?

친구는 네가 변명하고 있음을 눈치채고 더욱 언짢은 기분이 될 거야. 그렇다고 이제 와서 다른 사람을 부를 수도 없을 테니 친구는 더욱 화가 나겠지. 앞으로는 그럴 경우 솔직하게 말해보렴.

"고마워. 하지만 가지 못하겠구나. 초대해줘서 고맙지만 이번 주말에는 할 일이 있어서 안 돼."

이렇게 처음부터 거절하면 나중에 얼굴 붉힐 일은 없지 않겠니?

애매함은 모든 일을 악화시킨다

솔직하게 행동하는 것은 그다지 어려운 일이 아닌데 어째서 사람들은 그렇게 하지 못하는 걸까? 두 점간의 최단거리가 직선인 것임에는 변함이 없지만 꾀를 잘 내는 사람들은 먼 길로 돌아가거나 주위를 배회하며 기회를 엿보곤 한다.

"〈예〉라고도 할 수 있으며 〈아니오〉라고도 할 수 있다. 또한 그 어느 쪽도 아닐 수 있다"

이런 사람은 얼핏보면 상당히 현명한 것 같지만 언젠가는 들통이 날 수밖에 없는 미련한 일을 하고 있는 어리석은 사람임을 명심하기 바란다. 빈틈없는 모사꾼은 〈신용할 수 없는 인간〉이라는 꼬리표를 붙이고 평생을 살게 되는 법이다.

그리고 이렇게 모든 일을 애매하게 처리하는 사람은 자신에게 주어진 시간을 허비하고 있을 뿐만이 아니라 다른 사람의 시간까지 빼앗는 결과를 초래한다.

예를 들어 볼까? 만약에 너희가 토요일에 데이트와 산더미 같은 과제가 겹쳤다고 하자. 엄마에게 레포트의 자료 조사를 도와달라고 말하고 싶지만 좀처럼 그런 말도 못하겠고 말이다. 결국 짜증난 표정으로 집안을 서성거리거나 다른 일에 트집을 잡아 불평을 하고 엉뚱한 사람에게 대들기도 하겠지.

드디어 토요일 저녁이 되면 가슴은 폭발 직전이고 그래서 엄마는 너희 곁으로 다가오는 일도 조심스럽지. 너희가 짜증을 내는 원인을 알기까지 엄마는 귀중한 하루를 모두 소비하는 셈이다. 유효하게 쓸 수도 있는 하루를 말이야. 엄마에게 솔직하게 말하면 분위기가 악화되는 것을 방지할 수 있었을 텐데 말이다.

문제의 핵심에 도전

그리고 엄마가 말하고 싶은 것은 사람의 생각이나 말은 명쾌해야 한다는 거야. 문제의 핵심에 날카롭게 파고들지 못하는 것은 문제의 본질을 놓쳐버리는 것과 마찬가지의 결과를 초래하게 된다.

꾀를 부리고 있으면 어느새 진실과 허구가 혼동되어 실제의 자신을 잃게 될 수도 있지. 그러나 매사를 명쾌하고 솔직하게 생각하면 결론 역시 명쾌해 지는 거야. 너희의 견해나 평가 방법이 명쾌하면 사람들은 너희를 신용하게 된다. 반드시 사랑을 받는다고 말할 수는 없지만 두터운 신용을 얻을 수는 있지.

물론 솔직하기 때문에 상처를 입는 경우도 있을 테지. 모든 것이 이치대로만 되는 건 아니니까. 누군가의 우스꽝스러운 모자를 보고 〈모자가 아름답군요〉 하고 추켜세우는 것이 현명할 때도 있으니까.

악의 없는 거짓말을 언제 어느때 해야 하는
지는 너희가 판단하기 바란다. 세상을 살다보
면 스스로 결정하고 선택을 해야 하는 상황이
아주 많단다. 가능한 한 솔직하게 행동하길 바
란다.

✳ 딸들의 의견 ✳

솔직하게 살겠노라고 결심해도 그것이 간단
한 문제는 아닌 것 같습니다. 거침없이 자신의
생각을 말하기란 쉽지 않으니까요. 때로 슬쩍
암시만 해주는 것은 어떨까요? 하지만 암시를
제대로 하기란 힘든 일이고 솔직하게 말하는
것이 가장 좋은 방법 같아요. 물론 솔직하게
말함으로써 다른 사람에게 상처를 줄지도 모르
지만 요령있게 한다면 문제 될 것은 없겠지요.
메리 포핀스의 〈한 스푼의 설탕이 있으면 약도
넘기기 쉽다〉는 말을 기억할 겁니다.

-로라-

내성적이라 자신의 요구를 남에게 말할 수
없는 사람은 먼저 솔직하게 말할 수 있도록 주
위에서 도와줘야 해요. 자신이 하고 싶은 말을

뚜렷이 하게 되면 따돌림 당하는 일은 없어지
겠지요.

-브론빈-

　자신의 말과 행동에 있어 사람은 솔직해야
합니다. 번거롭게 말을 돌려하지 않고 확실하
게 의사를 표현하는 것, 남이 자신을 어떻게
생각할까에 너무 집착하지 않는 태도가 필요
하다고 생각합니다.

-시시-

제5장 지식에 대한 이야기

1. 배우는 즐거움을 경험하라

〈호기심을 발휘하면 주변의 모든 것에서 배울 수 있다〉

교육의 목적은 일생을 통해서
공부하는 자세를 만들어 주는 것이다.

-R. M. 핫친즈-

사랑하는 딸들아, 너희 외할머니가 엄마에게
사용한 교육방법은 특허권을 신청해도 좋을 만
큼 독특한 것이었단다. 나의 어머니는 공부하
고 싶은 마음을 불러일으키는 독특한 재능을
가지신 분이셨지. 역사학은 모험담으로, 지리
학은 미지의 여러 나라를 여행하는 것으로, 시
는 마음속에 내재해 있는 정서를 되살리는 것
으로 변화시키곤 하셨던 거야.

어머니는 나에게 동화 대신 진기한 신화를
읽어주시곤 했어. 생각해 보렴. 아이들에게 신
화보다 신기하고 외경스런 이야기가 또 있을

까? 로버트 루이스 스티븐슨을 읽었던 내게
있어 아더왕은 동경의 대상이었지.

프랑스 왕들의 계승에 대해 엄마는 왕과 그
애첩들의 일화를 덧붙여 재미있게 이야기해 주
시곤 했어. 야사와 함께 듣는 역사적 사건은
주입식 역사 공부보다 우리의 머리 속에 오랫
동안 남아있는 법이다.

내가 어머니에게서 받은 교육은 일종의 게임
처럼 흥미로웠단다. 나는 그 게임을 통해 지식
을 상품으로 받은 셈이지. 딸들아, 공부는 재
미있어야잖니? 너희는 재미있게 공부하고 있
는지 궁금하구나.

요즘 아이들은 획일적이고 정답만을 강요하
는 학교 교육 때문에 배움에 대한 흥미를 점점
잃어가고 있다고 들었다. 드라마나 음모는 모
습을 감추고, 단순한 역사적 사실만을 향해 내
키지 않는 발걸음을 옮기게 되었지. 너희는 그
이유가 무엇이라 생각하니?

나의 어머니가 선생님들보다 훨씬 더 재미있
는 교육방법을 알고 계신 것은 나로서는 아주
기쁜 일이었다. 만약 요즘 아이들이 지금까지
학교에서 배워온 공부 방법을 모두 버리고 그
대신 모험심과 강한 지식욕을 갖게 된다면 우

리의 미래도 아주 많이 달라질 거야.

시시야, 엄마는 몇 년 전에 네가 친구들과 구멍가게 놀이를 하며 노는 모습을 자주 보았었다. 그것은 네가 매우 좋아하는 놀이였잖니? 너는 청구서에 첨부된 8프로의 세금을 암산으로 재빨리 계산해서는 친구에게 가게 주인처럼 말하곤 했지. 그런데 그 무렵 너는 학교에서 배우는 백분율과 분수에는 쩔쩔매고 있었다.

엄마가 무슨 말을 하려는지 이젠 알겠지? 구멍가게 놀이를 할 때는 재미있으니까 계산이 빨리 되지만, 학교에서 배우는 산수는 재미가 없어서 짜증이 났던 거야.

학교에서만 공부하는 것은 아니다

존 홀트라는 혁신적인 교육자는 미국의 교육 개선에 대단한 공을 세운 사람이다. 그는 교육의 변화라는 자신의 저서에서 미국 교육 제도를 신랄하게 비판했지. 존 홀트는 학교 교육을 받은 사람은 예외없이 다음과 같은 생각에 빠져 버린다고 경고했어.

첫째. 무엇인가를 배우려면 선생님한테 가야만 한다.

둘째. 배운다는 건 매우 번거롭고 고통스러운 일이다.

세째. 게다가 별로 배우는 것도 없는 듯하다.

사랑하는 딸들아, 물론 학교는 배움의 장소이지만 따지고 보면 우리는 학교뿐만 아니라 어디서든 배우는 셈이다. 그리고 우리의 일분일초가 배움의 연속인 거야. 지금 우리 주위를 보면 〈배운다는 것〉과 〈학교에서 배운다〉는 것은 거의 동일시 되고 있어. 사실 이 두 가지는 엄연히 다른 데도 말이다.

마크 트웨인은 일찍이 이렇게 말했다.

"당신의 참교육이 학교 교육으로 인해 방해가 되어서는 안 됩니다."

또한 헨리 아담스라는 역사가는 〈가정에서 교육을 받는 짬짬이 나는 학교에도 갔다〉라고 말하기도 했었지. 만일 학교가 자기의 인생을 모두 바칠 만큼 매력있는 곳이라고 느껴지면 아이들은 학교에 가는 일을 아주 즐거워 할 것이다.

브론빈, 너는 연극을 좋아하기 때문에 긴 대사도 끄덕없이 줄줄 외어버리곤 했지. 그리고 시시는 부기(簿記) 과목을 좋아해서 그 시간을 즐겁게 기다리곤 했음을 엄마는 알고 있다. 너희가 좋아하는 과목은 지겹지 않고 재미있게 배울 수 있지?

그렇다고 해서 엄마는 너희가 좋아하는 과목만을 골라 공부하라는 말은 아니야. 예술, 어학, 과학, 수학, 역사 등에 두루 관심을 갖는다면 네 사고의 폭을 넓히는 데 도움이 될 거야. 지식이라는 나무에 열리는 온갖 과일을 모두 맛보아야만 자신의 기호에 맞는 '과일 샐러드'를 만들 수 있지 않겠니?

딸들아, 흥미를 끄는 분야가 있다면 그것에 몰두해보는 것도 좋단다. 그 분야에 해당하는 서적을 뒤져도, 전문가와 상의해도 좋지.

이 세상에는 우리의 상상력을 북돋아주고 나아가 우리를 열광케 하는 것이 있게 마련이다. 또한 스스로가 관심을 가지고 지식을 넓혀가는 행동은 바람직하다. 너희가 좋아하는 한 가지 일에 탐구심을 발휘하면 억지로 선생님으로부터 배우는 것보다 더 큰 수확을 거둘 수 있을 거야.

자기 자신을 교육하자

배움에 있어서 너희에게 당부하고 싶은 것은

자신이 소중하다고 생각되면 반드시 자신을 교
육하라는 거야. 무슨 말인가 하면 자신의 힘으
로 흥미있는 분야를 찾아내고 그것에 관한 지
식을 보다 많이 쌓아야 한다는 것이다. 아울러
주변 환경에 눈을 뜨고 귀기울여 집중력을 발
휘하기 바란다.

엄마는 너희가 버스에서 마주앉은 여성의 행
동을 관찰하는 것만으로도 심리학 공부가 되리
라고 생각하고 있다. 그녀의 바디 랭귀지는 무
엇을 표현하고 있는지를 살펴보렴. TV나 영화
에서도 배울 것은 많지. 또한 이러한 매체는
즐기면서 배울 수 있는 장점이 있단다. 너희는
동네 할아버지에게서도 예의범절에 관해 배울

때가 있지? 그래, 우리는 어디서나 누구한테
나 배울 기회가 있지. 어떤 사람이든 적어도
한 가지는 너희의 관심을 끌 만한 지식을 가지
고 있단다. 알겠니?

책에서 얻는 지식도 우수한 것이지만 우리는
공원을 걸으면서 친구들로부터도 많은 것을 배
울 수 있음을 알아야 한다. 그리고 지하철의
포스터에서 배우는 지식도 있을 거야. 마지막
으로 자기의 타고난 재능에 대해 정신을 집중
하면 자기 스스로에게서도 무언가를 분명 배울

수 있음을 기억하렴.

　딸들아, 인간의 지성은 그 사람의 호기심과 정력에 비례하는 법이란다. 그런데 이것은 양날이 달린 칼과 같아서 주의를 기울여야 한다. 〈자, 구체적으로 어떻게 하면 좋을까〉 하고 묻는 대신에 〈번거롭군. 난 흥미 없어〉라고 내빼는 사람도 있으니까. 어쨌든 언제나 '배운다'는 자세를 가지면 창조적인 인생을 살아갈 수 있다는 사실만은 잊지 말기 바란다.

＊ 딸들의 의견 ＊

　학교를 다니면서 가장 걱정되는 것은 마음에 들지 않은 선생님과 부딪히면 학교가 점점 싫어진다는 거예요. 그래서 장래 도움이 될 만한 지식을 놓치게 되지요.

　　　　　　　　　　　　　　　　-로라-

　제가 교장이라면 학교 제도를 바꾸겠어요. 먼저 학생들 복장을 자유롭게 하구요, 그 다음에는 학교 공부가 따분하지 않도록 텔레비전이나 영화를 공부에 많이 이용할 거예요.

　　　　　　　　　　　　　　　　-시시-

학생들에게 있어서 멋진 선생님은 어떤 선생님일까요? 학생들에게 이야기를 걸어주는 선생님이 아닐까요? 그리고 학생들이 하는 말을 귀담아 들어주는 선생님도 멋지다고 할 수가 있겠지요. 학교는 같은 것을 반복하는 곳이라고 생각하는 선생님은 따분해요.

저는 반에서 자유롭게 토론하는 것이 좋습니다. 가만히 앉아 선생님 수업을 듣는 것보다 훨씬 즐거워요. 선생님께서 학생이 말하는 내용을 잘 듣고, 중간중간 응해 주면 우리는 정말 내가 수업에 참가하고 있구나 하는 생각을 하게 되죠. 그러나 그렇지 않으면, 선생님과 학생은 서로 제각각일 뿐이죠.

-완다-

선생님은 불량 학생하고 충분한 대화를 해야 해요. 그래서 그렇게 문제아가 된 원인을 찾아내야 하죠. 원인을 제대로 파악하고 있으면 어떠한 학생이든 구제될 수 있다고 생각해요. 단지 벌주는 것으로 그치면 상황은 더욱 악화될 뿐이죠. 벌을 받으면서 기분이 좋은 사람은 아마 없을 것입니다.

문제 해결의 열쇠는 커뮤니케이션에 있다고

생각지 않나요? 사람들이 서로에 대해 좀더
관심을 갖고 왜 문제가 발생했나를 살펴보면
좋을 것 같아요. 그러나 선생님들은 커뮤니케
이션에 별로 관심이 없죠. 또한 선생님이 하시
는 말씀은 일방통행인 경우가 많습니다.

-브론빈-

2. 라이프 워크를 선택한다

〈자신이 선택한 직업이기 때문에 행복감을 첫째로〉

이제 도구를 손에 들라.
신은 일하는 너를 기대하신다.

-킹슬레이-

내가 직업을 갖게 된 데는 그럴 만한 사정이
있다. 나는 어느 정도 글재주가 있고 그림도
제법 그릴 줄 알아서 학교를 졸업하자마자 광
고 회사에 입사하였단다. 그리고 차츰 좋은 기
회와 만나게 되었지.

엄마는 이혼한 후 무슨 일이든지 닥치는 대
로 했어. 너희는 아직 어리고 생활은 궁핍했기
때문에 어려움도 많았지. 엄마는 글도 쓰고,
그림도 그리고, 심지어는 시간을 쪼개 초상화
도 그렸지. 선전 광고와 판매촉진에 관한 공부
도 하였고. 노력하는 만큼 수입도 늘어나 형편

은 조금씩 나아졌지.

솔직히 말해 엄마에게는 재능이 있었던 것 같다. 나는 내가 이 방면에 뛰어나다는 걸 알고 남보다 열심히 노력하여 성공한 셈이지.

진정으로 자기가 하고 싶은 일이 무엇인지를 알고 있는 사람은 드물다. 또한 많은 사람들이 우선 당장 생활하기 위해 일을 하고 있다. 그 직업은 자신의 취향이나 재능으로 좌우될 수도 있지만 대부분은 우연한 기회에 얻게 된 직업을 생활의 수단으로 삼지. 그것은 또한 어쩔 수 없는 일 아니냐?

사랑하는 딸들아, 엄마는 많은 사람이 돈 때문에, 그리고 미지에 대한 두려움 때문에 자신에게 맞지 않는 직장임에도 다니고 있음을 안다. 이 점에 대해 사랑하는 딸들과 몇 마디 나누고 싶구나.

나에게 맞는 직업은 무엇일까

애들아, 학교에 다니는 동안 최대한 상상력을 발휘해 보렴. 그래서 자기가 일생 동안 하고 싶은 일이 무엇인지를 찾아내야 한다. 이때 자신의 몸을 맡길 수 있고, 현실성이 있는 분야를 선택해야 해. 그런 다음 많은 사람들을 만나 서로 이야기도 나누고 경험의 폭도 넓혀야 하는 것이다.

사랑하는 딸들아, 너희의 관심을 붙들어 매는 직업은 무엇인지 궁금하구나. 배우, 모델, 수의사, 디자이너, 음악가, 물리학자 등등 아주 많을 거야. 그러나 사실 그 어떤 것도 실제로 해보지 않고서는 특성을 파악하기 힘들단다. 그래도 관심있는 분야에 대해 가장 확실히 아는 방법은 역시 그 직업에 종사하는 사람을 만나 이야기하는 것이다. 많은 대화를 나누렴.

너희는 아마도 아직은 갈피를 잡기 힘들 거야. 자, 이제부터 자기 자신을 냉정히 살펴보렴. 자신이 가지고 있는 장점과 단점이 무엇인지, 자신의 재능이 무엇인지 파악하고 있어야 한다. 직업을 선택하는 데는 주위환경에 너무 얽매이지 않고 자신의 직관력에 의지하는 자세가 필요하다. 자신의 직관력을 믿을 때 나에게 어울리는 일도 찾게 되는 거란다.

우리가 선택한 직업이 경제적으로 도움을 주고 아울러 자기 자신에게 즐거움도 안겨줄 때 우리는 진정한 행복을 느끼게 되는 거야. 그래서 나는 너희가 방학동안 아르바이트를 하는 것도 좋다고 생각한다. 또한 그 분야가 네가 평소에 관심을 가졌던 분야라면 더욱 바람직하고 말이다.

브론빈, 네가 처음으로 사무실에서 일했던 때 생각나니? 너는 접수원으로 열심히 근무하고 저녁이 되면 녹초가 되어 돌아오곤 했지. 밤 8시가 되면 벌써 꾸벅꾸벅 졸았었지. 일을 한다는 게 무언지 아마도 너는 그때 처음으로 알았을 것이다.

방학을 이용해 잠깐동안 하는 아르바이트를 가지고 직업에 대해 완전히 파악했다고 말할 수는 없을지라도 많은 것을 분명히 배울 수 있을 거야. 자신의 힘으로 돈을 벌어보면 그만큼 돈의 소중함도 알게 되고, 보람도 느끼게 되지. 상업 세계에 대해 조금은 터득할 수 있고 여러 유형의 사람을 만나니 시야도 넓어지며, 어른들과 함께 호흡한다는 대견함도 갖게 될 거다.

딸들아, 많은 것을 배우고, 기억해야 할 사항은 반드시 마음속에 꼭꼭 담아두렴.

잘못된 선택이면 전직하는 용기가 필요

예를 들어 브론빈이 의사가 되어 몇 년동안

환자를 치료했다고 하자. 그러나 브론빈은 그 일이 자기의 적성에 맞지 않는다고 생각하게 되었다면, 그래서 그 일이 지겹게 느껴지기 시작하고 시간을 점점 허비하고 있다는 생각을 갖게 되겠지.

만약 그렇다면 어떻게 처신해야 할까? 엄마는 이럴 경우 너희에게 좌절하지 말고 자신감을 가지라는 말을 가장 먼저 해주고 싶구나. 그런 다음에는 자신에게 가장 어울리는 일이 무엇인가를 찾아야 한다. 그렇지 않겠니? 자기가 원하지 않는 직업에 나머지 40년을 투자할 수는 없으니까.

물론 머리 속은 복잡하겠지만 행동은 적극적으로 해야 한다. 그래서 다소의 어려움이 있더라도, 시간과 돈이 많이 들더라도 어쨌든 개의치 말고 자신의 직관이 가리키는 방향으로 나아가야 하지. 새로운 직업을 갖겠다고 생각했으면 그것에 매진해야 하는 거야.

인류에 공헌한 사람들 중에는 직업을 도중에 바꾸거나 인생의 고비를 여러 차례 넘긴 후에야 자신의 천직을 찾은 예가 너무나 많단다.

그러나 조심해야 할 점이 있어. 자신의 힘으로는 도저히 어떻게든 바꿀 수 없는 상황이라면 그것을 받아들이는 지혜가 필요하다. 바꾸는 용기와 받아들이는 지혜, 사실은 이 두 가지를 구분하는 것이 쉽지 않지. 너희는 아무쪼록 이 두 가지를 가려내는 능력이 있었으면 좋겠구나. 직업의 선택이야말로 자신의 용기를 시험해 볼 수 있는 기회란다.

일은 생활의 수단 그리고 자기 만족

너희가 아직 어리고, 살림을 꾸려가기에 정신이 없을 무렵에도 엄마는 일을 무척 많이 했단다. 너희들이 성인이 될 때까지는 생활설계가 최우선이라는 현실적인 생각을 가지고 있었으니까. 너희도 엄마가 일에 열중해 왔다는 걸 알고 있지?

열심히 일한 덕에 한 가족을 이끌어나갈 만한 수입은 되었지. 그러나 마음속에서는 만족할 수 없었단다. 왜냐하면 내가 하고 있는 일은 단지 생활의 수단에 지나지 않았으니까. 조금도 그 이상은 아니었으니까.

그래서 엄마는 꿈을 갖게 되었다. 너희들이 성장하여 사회에 진출하게 되면 엄마는 비지니스를 떠나 보다 속박이 적은 창조적인 일을 해보겠다고, 뮤즈가 되어 창조의 샘물을 마셔야겠다고 생각한 거야.

내가 이런 이야기를 하는 이유는 인생을 살다보면 자신이 원하지 않는 상황에 놓이게도 된다는 말을 하고 싶어서야. 이와같이 괴로운 시기에는 꿈이 버팀목이 되어 줄 수도 있단다.

사랑하는 딸들아, 엄마는 가끔 이런 생각을 했었지. '나는 지금 희생을 당하고 있다. 누군가로부터 골탕을 먹고 있다'라는 생각 말이야. 그러면 엄마는 속으로 이렇게 스스로를 타이르곤 했어. '이것은 내 인생의 일부분에 지나지 않는다'라고 말이다.

그러나 너희들은 가능하면 처음부터 원하는 일을 하게 되었으면 좋겠다. 하고 싶은 일을 하면서 생계를 꾸려 나가는 사람은 행복하다. 그런 사람은 아침에 눈을 뜨면 그날 펼쳐질 일에 대해 즐거움을 갖게 되는 법이거든.

또 너희가 꼭 알아두어야 할 게 있다. 그것은 세상의 척도에 좌우되지 않는 자신의 목표를 확실히 갖도록 하라는 것이다. 엄마는 시시와 브론빈이 어려서 한 말이 생각나는구나. 너희는 돈에 관한 무슨 말 끝에 이렇게 얘기했지.

"저는 호화 승용차를 살 만한 돈은 있어야

한다고 생각해요."

시시의 말을 들은 브론빈은 작은 소리로 뭐라고 말했는지 아니?

"엄마, 저는 말에게 줄 귀리를 살 만한 돈이 있으면 충분하다고 생각해요."

엄마는 그 일이 지금도 잊혀지지 않는구나. 그러한 너희의 성격은 오늘날까지 그대로란다. 그래, 사람은 누구나 제각기 다 다른 법이니까 자기 나름의 척도를 정해서 그 기준에 맞춰 사는 것도 의미있는 일이다.

비지니스와 여성의 행복을 함께 누리자

세상에서 균형 잡힌 생활을 해 나가는 사람은 그리 많지 않다. 그러나 사업과 비지니스만을 위해 사는 사람도 반드시 사랑, 결혼, 행복 이런 것들을 염두에 두고 살아야 하는 거야. 그리고 그것에 투자를 해야 한다.

그러나 여성에게 있어서 이 두 가지를 양립시켜 나가기란 여간 힘든 게 아니란다. 엄마 세대에는 특히 더 어려웠지. 지금은 조금씩 나아지고는 있지만 아직도 몇 세대가 더 지나야 완전한 양립이 가능할 것 같다.

너희는 사회적으로 해방된 최초의 세대이므

로 오히려 인생을 방종하게 살지나 않을까 걱정이 되는구나. 어쨌거나 자기가 선택한 직업에 몰두해야 하며, 아울러 여성으로서의 섬세함과 따뜻한 마음씨를 너희들은 잊지 말기를 바란다.

엄마는 너희가 어떤 직업을 선택하더라도 절대 반대하거나 무시하지는 않을 거야. 단지 엄마는 너희가 선택한 직업으로 인해 너희가 행복과 충족감을 영원히 누릴 수 있기를 바랄 뿐이다.

고소득의 내과의사가 되든, 이름도 모르는 단역 배우가 되든, 시인이 되든, 아니 그밖의 엄마의 상상을 초월한 다른 어떤 직업을 택하든 간에 나는 너희가 선택한 길에 대해 경의를 표할 것이다.

* 딸들의 의견 *

대부분 고등학생이 되면 커서 무엇을 하겠다든가, 무엇이 되고 싶다는 생각을 하게 되지요. 선생님께서 장래 희망을 물어보시니까 생각하게 되는 거죠. 그렇다고 선생님이 그렇게 묻는 것이 어떤 직업을 택해야 한다는 압력이

라고는 여겨지지 않아요. 저는 그것이 자립의
문제와 관계가 있다고 믿습니다. 그래서 오히
려 그날이 기다려 진다구요. 저는 어떤 일에
종사하든 그 분야에서 최고가 될 거예요.

-시시-

3. 일하는 여성이여, 전진하자

〈사회의 벽을 뛰어 넘어 힘차고 아름답게 일한다〉

내가 일을 시작했던 무렵만해도 여성의 직업이라고 하면 대부분이 비서직이었단다. 타이프를 치거나 주문을 받는 단순한 요령을 배운 후, 취직을 하여 잠시 일하다가 결혼과 동시에 그만두는 것이 정석이었지. 요컨대 한 사람으로서 제대로 인정받지 못했던 거야.

물론 그러한 대우에 머물지 않으려는 사람도 있었단다. 그러나 그런 여성은 항상 두 가지 타입으로 구분되어 지곤 했어.

하나는 거만하고 공격적인 타입이고, 나머지 하나는 영리하고 노력하는 타입이었지. 그러나 이러한 두 가지 타입의 여성은 모두 극소수에 불과했다. 그래서 큰 영향력을 행사할 수 없었고, 왠지 특이하게 보여서 남자 동료들에게 웃음거리를 제공하기도 했지.

그러나 근래 들어서는 사정이 많이 달라지지 않았니? 엄마가 비지니스에 발을 들여놓은 20년 동안 많은 변화가 생긴 거야. 사람들의 야망도, 상업가의 홍정도, 그리고 여성 자신도 많이 변화하게 되었어. 그리고 무엇보다 반가운 건 남성들 사이에서 여성에 대한 경의가 조금이나마 싹트게 되었다는 것이다.

하지만 엄마는 아직도 시작 단계에 불과하다고 생각한다. 단지 우리 여성이 힘들게 여기까지 온 것에 대해 박수를 보내고 싶구나. 딸들아, 그러나 아직 가야할 길은 멀고 완전한 평등이 이루어지려면 긴 시간이 필요하단다. 그렇다고 해도 인류의 진보를 위한 한 발을 내디딘 것은 분명하지 않겠니?

언젠가 너희들도 일하는 여성이 되겠지. 자, 우리 함께 여성이기 때문에 불리한 점이 무엇인가 생각해 보기로 하자. 엄마 세대에 비하면 많은 변화가 있지만 아직도 비지니스는 남성들의 분야로 생각하는 사람이 많지 않더냐?

여성이여 야망을 품어라

남성이라면 전혀 경험하지 않아도 될 장해를 단지 여성이라는 이유만으로 극복하지 않으면 안 될 때가 많이 있다. 여성은 중역이 되도록 양육되지 않았으며 예전부터 보좌 역할에 만족하도록 길들여져 왔기 때문에 사람을 리드하는 일로부터 멀어져 왔지.

처음부터 이런 식으로 프로그래밍되어 있어서 은연중에 여성은 남성과 다른 포부를 가지게 되었다. 여성의 목표는 낮으며, 실력이 똑같을 경우 남성보다 낮은 지위로 정착해 버리고 마는 거야.

엄마가 생각하기에 우리 여성이 가장 먼저 머리 속에 넣어두어야 할 사항은 자신의 능력을 높이 평가하는 태도이다. 그럼으로 해서 자신의 능력을 최대한 발휘할 수 있게 되거든. 생각해 보렴. 최고의 자리에 오르겠다는 신념이 부족하면 사다리를 타고 어떻게 그 자리에 올라갈 수 있겠는가 말이야.

딸들아, 여성은 그동안 노동을 아끼지 않고 세심하게 일하도록 길들여져 왔다. 그런데 이것은 고용주보다 고용자에게 요구되는 성질이 아니더냐? 즉, 여성은 고용자로 머무르기 쉽도록 길들여오는 셈이지.

여성은 무엇이든 혼자 일을 떠맡고 다른 사람에게 쉽게 맡기지 못하는 경향이 있단다. 우리는 사람을 능숙하게 다루는 방법, 다른 사람에게 책임을 부여하는 방법을 배울 필요가 있지. 이제부터 나무만 볼 것이 아니라, 숲 전체를 바라보자구나.

오랫동안 여성은 아내로서 교육받아 와서인지 남성보다 가족에 대한 염려를 많이 하는 것 같아. 너희는 아이들을 집에 남겨두고 일터로 나가는 것이 좀 미안하게 생각된다는 남성을 본 적이 있느냐?

딸들아, 그것이 남성의 음모인지 모르지만 여성에게는 한 달에 한 번씩 자신을 믿을 수 없게 되는 주기가 찾아온다. 나의 일을 도와주고 있던 어떤 총명한 여성 작가는 한 달에 삼 일은 컨디션이 좋지 않아 걱정이라고 말하더구나. 그래서 나는 그 여자에게 이렇게 반문했단다. 일 년 내내 최상의 컨디션만을 유지하는 남성이 있느냐고 말이다.

여성은 흔히 애정과 일 사이에서 곤란을 겪는다고 한다. 남성은 아무 힘도 들이지 않고 그것을 타개해 나가는데 말이다. 사랑받기 위해 여성은 자신을 낮추어야만 한다고 배우지. 그러나 남성은 그 반대로 교육을 받는다. 분명 어딘가 모순이 있지 않을까?

여성에게는 아직 비지니스를 행하는 데 있어
서 모범이 되는 행동 양식이 개발되어 있지 않
으며, 직업 훈련 프로그램도 여성 특유의 힘을
발휘할 수 있도록 짜여져 있지 않단다. 한결같
이 남성용으로 되어 있는 거야.

그래서 많은 여성들이 사회적인 야망을 품는
데 있어서 망설이곤 한다. 최고의 지위에 오른
여성에게 결혼 신청을 할 남성이 과연 있을까
하는 생각도 하게 되지. 여성의 성공은 결혼과
멀어지게 만든다는 그릇된 사상이 퍼져 있는
거야. 여성은 또한 최고 책임자가 갖는 고독감
을 두려워한단다. 그래서 여성은 '퀸'은 되고
싶지만 '킹'이 되는 것은 겁을 내곤 한다.

그러나 반대로 생각해 보면 어떨까. 여성은

과연 큰 뜻을 품지 않아도 괜찮은 걸까? 어느
정도에서 타협하고 실수없이 시키는 일만 하면
그것으로 족하단 말인가? 비록 큰 뜻을 품
었다 하더라도 그것으로 인해 가족의 안위를
희생시키는 것에 죄의식을 가져야 한다는 말인
가?

자신감을 가지고 전진하자
여성에게는 남성이 갖지 못한 유리한 면도

상당히 많단다. 우리들은 배후에 모계 사회의
역사를 가지고 있지 않느냐? 일상 생활에 있
어 여성의 발언권은 크다고 할 수 있지.

여성은 인내심 많고 근면하도록 키워지는데
이것이 업무를 수행하는 데 있어 강력한 무기
가 되어 주기도 한다. 또한 여성은 순응성이
있고 다원적이며, 자신의 직관을 신뢰하며 그
것에 맞춰 모든 일을 추진해도 좋다. 나는 직
장에서 그런대로 신용을 얻게 되었는데 지금
생각해보면 부모님이 어릴 때부터 나에게 늘
〈너는 성장하면 뛰어난 인물이 될 것이다〉라는
믿음을 심어 주었기 때문인 것 같다.

어머니는 최초의 여권론자였으며, 아버지는
정의와 평등에 크게 관심을 가지신 분이었어.
결혼을 하고 아이를 키우는 것이 여성의 사명
이었던 세대였으며 나도 그렇게 생각하고 있었
지만, 한편으로는 자신감도 결코 적지 않았다.
더구나 여자라는 사실이 핸디캡이라고는 전혀
생각해 보지 않았지.

엄마는 적극적인 마음가짐이 있었기 때문에
남성 위주의 직장생활도 당당히 해나갈 수 있
었어. 너희도 적극적인 자세를 가지렴. 딸들
아, 너희는 직장이라는 울타리에 대해 어느 정

도 관심을 갖고 있겠지? 엄마와 몇 가지를 함께 생각해 보자.

너희는 당당하게 '나는 이것에는 자신있습니다'라고 내세울 만한 게 있느냐? 솔직히 말해 보렴. 냉정하게 들릴지 모르지만 이 세상에는 자기 자신밖에 믿을 만한 사람은 없는 거야. 즉, 다른 사람보다 뛰어난 것이 있어야 한다는 것이다. 남보다 뛰어나기 위해 온힘을 쏟아붓고 그러다보면 그 분야에서 성공을 거두게 됨은 자연스러운 일이다.

사랑스런 내 딸들아, 어느 분야로 진출하겠다는 생각을 했으면, 그렇게 생각하게 된 동기도 스스로 따져 보기 바란다. 그리고 자기에게 가장 소중한 것이 무엇인지에 대해 관심을 가지렴. 가정과 직장이 함께 중요한 경우가 많겠지. 그럴 경우 어느 한편으로만 너무 치우치는 일 없이 인생을 설계하기 바란다.

자기 자신을 충분히 알고 소중히 생각하는 일, 이것이야말로 자신을 즐겁게 만드는 출발점임을 잊지 말자. 그리고 나에게 최선은 무엇인가에 대해 관심을 갖자.

4. 엄마는 캐리어 우먼

〈집에 남겨진 아기는 역시 쓸쓸했다〉

여러 가지 일들을 극복해 오면서
내가 용기 있는 엄마라는 사실을
알게 되었다.

-엘리자베스 테일러-

이제 엄마에게도 나 자신의 인생을 돌아볼
시기가 온 것 같다. 그것은 이 노트를 쓰기 시
작했기 때문과 너희들이 자라서 엄마의 생각들
을 이해할 수가 있게 되었기 때문이다. 나는
사는 것이 무척 힘들었던 시절 너희들이 빨리
하이틴이 되었으면 하고 기다린 적이 한두 번
이 아니었다. 마치 그것이 어둡고 긴 터널의
출구에 등불이기라도 한 듯이 말이다. 엄마는
너희들이 그만큼 자라면 세상을 상대로 한 나
의 대 분투도 일단락 될 거라고 생각하고 있었

단다.

브론빈, 오늘은 너의 열 다섯번 째의 생일이다. 그리고 앞으로 사흘이 지나면 시시도 14살이 된다. 청춘의 한가운데에 있는 너희들이 엄마의 이런 기분을 알 리가 없겠지.

점성술에 따르면 14살과 28살의 사이클은 천계(天界)의 어머니 토성(그리이스 신화의 농경의 신)이 통과하는 시기라고 한다. 또한 영혼의 성장과 두뇌는 사람들의 공로를 인정한 토성으로부터 가까스로 받는 포상이라고 하더구나. 흔들리는 의자를 삐걱거리며, 지금 여기에서 이 글을 쓰고 있자니, 옛날 너희들을 자장가로 잠재우던 요람이 눈에 선하다. 그리고 진심으로 토성의 방문을 믿고 싶어진다.

어쨌거나 지금은 지난 세월을 되돌아 봄으로써 성장의 자취를 살펴보기에 좋은 시기가 되었다. 한 가지씩 차분하게 이야기해 보기로 하자구나.

괴로웠던 터널의 출구에 보이던 빛

이런 말을 하면 일하는 어머니들의 심한 비난을 사게 될지도 모르겠다. 하지만 나는 너희들이 아직 어린 아기였을 때, 집을 비우고 일하러 나가지 않으면 안되었던 것을 대단히 미안하게 생각하고 있단다.

어머니가 일을 해서 좋은 점은 여러 가지 있다. 아이들에게 일찍부터 자립심을 키워주고 그들은 제멋대로의 행동을 억누르고 협력하는 것을 배우게 된다. 그렇기는 하지만 그 시기의 어머니의 부재는 아이들에게 큰 부담이 되는 것이다.

조그만 너희들을 가정부에게 맡겨두고 일터로 향해야 했던 엄마의 마음은 어떠했겠느냐? 그리고 하고 싶은 말을 가슴 가득히 담아 넣고 너희들이 학교에서 돌아왔을 때, 엄마가 없는 집이란 어땠을까. 아마 그것은 너희들에게 현실 세계의 혹독함을 충분히 체험하게 했을 것이다. 그러나 나는 가능하다면 좀더 부드럽고 따뜻한 현실로 감싸주고 싶었다.

나처럼 일하는 쪽을 선택할 수밖에 없는 어머니들은 지금도 많이 있다. 또한 자신의 일을 가지고 만족해하는 어머니가 육아를 위해 어쩔 수 없이 가정에 머물러 있는 욕구 불만의 어머니보다 아이들에게 좋다고 한다. 일하는 어머니들이 그것으로나마 위안을 삼으려 했는지도 모른다.

그러나 아이들에게 있어서 최고의 상태는 역시 어머니가 가정에 있으면서 그들을 자애로 키우는 일에 만족하고 있는 상태라고 생각한다.

한 두살 짜리 아기를 돌보기 위해 가정으로 들어가는 것이 여성의 직업과 경력에 있어서 과연 마이너스 쪽으로만 작용을 하는가? 이것은 확실히 대답하기가 쉽지 않다. 그러나 사랑하는 자신의 아이를 위해서는 그쪽이 좋다고 믿고 있다.

한편 최근에는 출산 연령이 급격히 높아지고 있다. 부모가 되는 것은 충분히 성숙하고 난 후가 좋다고 하니 그것도 나쁘지만은 않을 성 싶기도 하다. 그러나 성숙도는 차치하고 내가 너희들의 부모가 된 이십대 초반에는 엄청난 생기와 활동력을 가지고 있었단다.

지금 나는 너희들의 어렸을 적 사진을 보고 있다. 깜짝 놀랄 정도로 생기 넘치는 나의 양 무릎에 걸터앉아 너희는 나의 긴 머리카락을 가지고 즐겁게 놀고 있다. 그때 나는 어린 아기인 너희들의 성장과 함께 나 자신도 성장하는 느낌을 가지고 있었단다.

사랑하는 딸들아, 나는 너희들의 건강한 성

장을 얼마나 기뻐하며 감사하고 있는지, 말로
는 표현할 수 없을 정도란다. 너희들은 내가
뚫고 나가지 않으면 안될 괴로운 터널의 출구
에 위치한 눈부신 등불이었단다.

　자아, 이제부터 시작될 너희들의 앞날에 어
떤 아름다운 미래가 기다리고 있을지 자못 기
대가 된다.

＊ 딸들의 의견 ＊

　내가 어렸을 무렵, 엄마가 직업여성이었기
때문에 무척 힘들었습니다. 그래서 어린 아이
를 둔 엄마는 일하러 나가서는 안된다고 생각
해요. 부모란 자신이 낳은 아이가 어느 정도 성
장할 때까지는 옆에서 돌봐 주어야 하지 않나
요?

-시시-

　여성이 일을 한다는 것은 멋진 일이라고 생
각해요. 그것은 여성에게 뿐만 아니라 아이들
의 자립심도 키울 수가 있기 때문이지요. 엄마
가 하루종일 집에 있으면 아이들이 의타심을
갖게 될 것입니다.

　　내가 어렸을 때 엄마는 늘 직장에 출근을 했
지요. 나는 그것이 매우 멋있다고 생각했어요.
왜냐하면, 집안 전체가 내 것이 된 것 같았거
든요. 완전히 어른이 된 기분을 맛볼 수 있었
지요.

-브론빈-

　　진심으로 사랑해 줄 부모가 옆에 있는 것이
아이들에게는 가장 소중한 일이라고 생각합
니다. 부모에게 사랑받고 있다는 사실을 알면
아이는 부모가 밖에서 일을 해도 편안함을 느
끼기 때문이지요.

-완다-

시작을 위한 맺음말

내가 너희들에게 남기고 싶은 이야기는 아직도 산더미 같이 쌓여있다. 이것들이 떠오를 때마다 적는다면 이 글은 아마 영원히 계속되어질 것이다. 그래서 나는 지금 마지막 페이지를 이것으로 장식하려 한다.

엄마는 진심으로 너희들을 사랑한다. 앞으로 너희들이 어떤 일들을 맞이하게 될지, 말만으로는 그 참 뜻을 제대로 전할 수가 없을 것같아, 너희를 향한 나의 바람들을 하나 둘씩 적어 본 것이다.

너희들의 인생은 꿈과 모험, 그리고 해박한 상식과 뜨거운 애정이 넘치리라 생각한다. 그러나 무엇보다도 중요한 것은 자신에 대해 확신을 갖고, 스스로가 하고자 하는 일에 최선을 다하는 것임을 잊지 말기 바란다.

사랑하는 딸들아, 너희들이 나에게 가져다 주었던 아름다운 것들을 이제 너희가 너희 아이들로부터 얻을 차례가 되었다. 평생을 통해 함께 배우며 뜨거운 사랑을 나눌 수 있는 내 딸들이 되기를 이 엄마는 진심으로 바라고 있다.

부록 : 아이의 두뇌를
나쁘게 하는 질병들

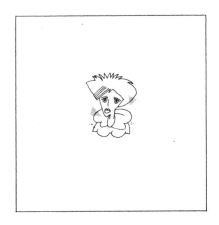

제1부 소아과 입장에서 본 질병

1. 신생아기

아이를 임신한 임산부가 수태하고 있는 기간에 병(특히 풍진, 톡소플라즈마증, 치료되지 않은 매독균 보유)에 걸리면 지능장애의 아이를 출생할 가능성이 높다는 것은 익히 알려져 있는 사실이다. 또한 분만시의 사소한 부주의가 장애아 양산의 주된 요인이 되고 있음도 마찬가지이다. 그러나 근래에 이르러 현대의학의 눈부신 발달로 인해 상기한 두 가지 요인은 임산부의 의지에 따라 사전에 충분히 봉쇄할 수 있는 장치가 마련되어 있으므로, 여기에서는 아이를 출산한 이후에 주의를 해야할 질병에 관해서 언급하고자 한다.

1) 분만시의 뇌장애

뇌장애아는 그 대부분이 분만시의 부주의로 발생한다. 어떤 이의 통계에 따르면 뇌장애아의 발생원인을 분류해 보니, 그 60퍼센트가 놀랍게도 주산기(周産期)에 있었으며 태아기의 원안이 30퍼센트, 그리고 출생 후의 원인이 10퍼센트였다고 한다.

일반적으로 뇌장애로 인식되어 있는 이 병은 어머니측의 원인인 산도(産道)나 진통, 또는 태반의 이상이나 모체에 병이 있을 경우에 나타나기 쉬우며, 태아의 원인으로 인한 거대아(巨大兒), 과숙아(過熟兒), 미숙아, 태위(胎位), 태세(胎勢), 태향(胎向)의 이상 탯줄, 난막(卵膜)의 이상, 태아적아구증(胎兒赤芽球症), 무산소증 등으로 기인하는 수도 있다. 한편, 산부인과 병원의 수술에 잘못이 있는 경우는 겸자(鉗子)분만이나, 흡인 분만, 제왕 절개, 골반위견출술을 시도함에 있어서 무리로 인해 생겨나는 것이 대부분이다.

특히 미숙아는 장기의 발육이 미숙하여 혈관의 상태가 나쁘며, 혈관벽이 얇기 때문에 쉽사리 외부의 압력에 충격을 받기가 쉬우므로 성숙아에 비해 그 비율이 상당히 높은 것으로 밝혀지고 있다. 따라서 어머니가 임신중독증에 걸렸거나 배란유발제를 사용하여 다태 임신이 되면 미숙아가 되기 쉬우므로 특히 주의할 필요가 있다.

또한 신생아가 가사(假死) 상태에 빠지면 뇌조직이 가장 장애를 받기 쉬우므로 어머니는 임신 중에는 말할 것도 없고, 분만 때에도 아이에게 그런 나쁜 조건이 조성되지 않도록 주의를 해야 한다.

2) 신생아 중증 황달

신생아는 대부분 생후 2일에서 4일 사이에 생리적 황달이라는 황달현상이 나타난다. 이는 생후 용혈(溶血)로 유리된 헤모글로빈에서 비릴르빈이 만들어지는 것인데, 이것은 간접 비릴르빈이라는 것으로 그대로는 배설할 수 없으므로 글루쿠론 산전이효소(酸轉移酵素)가 작용하여 직접 비릴르빈이라는 수용성(水溶性)으로 변화시키지 않으면 안 된다. 그런데, 출생 직후 신생아의 간장 작용은 좋지 않기 때문에, 이 간접 비릴르빈이 체내에 축적되어 황달이 나타나는 것이다.

그러나 이와 같은 생리적 황달이라도 그 정도가 높으면 뇌 장애를 일으키는 원인이 되기도 한다. 이 뇌 장애도 피 속에 있는 간접 비릴르빈의 비율이 높을 뿐만이 아니라, 미숙아나 저산소혈증(低酸素血症) 등 다른 인자와도 관계가 있으니 주의를 해야 한다.

또한 신생아 중증 황달은 생리적 황달 이외에도 모자의 혈액형 부적합이나 두혈종(頭血腫), 또는 어머니나 아이에 대한 약물의 과다 투여, 감염증 등에 의해서도 일어나는 수가 있는데, 모유(母乳) 중의 프레그난 디올은 글루쿠론 산

전이효소의 작용을 억제하기 위하여 간접 비릴르빈의 비율을 높여 주므로 참고하기 바란다.

어떤 원인으로 인해서이든 중증 황달의 증세가 보이면 속히 치료를 서둘러야 한다. 만약 치료를 하는 시간이 지체되면 핵황달(核黃疸)이라는 뇌의 여러 신경핵(神經核)이 황색 색소로 물들여지게 되어 사망하거나, 그 후유증으로 뇌성마비가 되기도 한다.

3) 선천성 대사(代謝) 이상증

체내에서는 언제나 활발한 신진 대사가 행해지고 있으며, 그것에 의하여 아이는 정상적인 발육을 하게 된다. 그러나 이 대사가 정상적으로 행해지지 않고 본래와는 다른 화학 반응이 생체 내에서 일어나면 아이는 정상적인 발육을 할 수 없게 된다. 이러한 현상을 선천성 대사 이상증이라고 한다.

이 병은 유전적인 경우가 많은데 전부가 그런 것은 아니다. 그러므로 가족 중에 그런 환자가 없다고 하여 안심하면 안 된다. 선천성 대사 이상은 그 종류와 명칭이 매우 많다. 그러나 출생시에 검사할 수 있는 것은 이 중에서 여섯 종류뿐이다.

신생아에게 있어서 생기기 쉬운 대사 이상의 증상이 헤아리기 어려울 만큼 많은 종류가 있으며 실제로는 환자인데 검사 결과가 음성인 수도 있으므로 주의해야 한다. 그러

나 여기에서는 우선 신생아들이 걸리기 쉬운 여섯 종류의
증상에 관해서만 설명하기로 하겠다.

* 페닐케톤 요증(尿症)

페닐케톤 요증은 필수 아미노산인 페닐알라닌을 대사하
는 효소와 페닐알라닌히드로키시라제를 태어날 때부터 갖
지 못해서 생기는 현상인데, 이는 아미노산이 혈액이나 조
직 속에 과다하게 축적되어 뇌의 발육과 작용을 방해한다.

증상은 경련, 지능 장애, 행동 이상, 갈색 머리칼, 하얀
피부, 습진, 쥐 오줌 냄새 등이다. 저(低) 페닐알라닌의 밀
크를 사용하면 지능 장애를 초래하지 않는다.

* 호모시스친 요증(尿症)

이 증상 역시 아미노산인 호모시스친과 세린에 의하여
시스타치온을 생성하는 데 필요한 효소를 나면서부터 가지
고 있지 않으므로 호모시스친과 메치오닌이 체내에 축적되
어 지능 장애를 일으킨다.

증상에는 경련, 사지 세장(四肢細長), 눈의 수정체 탈구
(脫臼) 등이 있는데, 비타민 B6를 투여하거나 치료용 밀크
를 사용하면 지능 장애를 방지할 수 있다.

* 히스티진 혈증(血症)

아미노산인 히스티진을 대사하는 히스티진제를 태어나면

서부터 갖고 있지 않기 때문에, 히스티진이 피 속에서 지나치게 불어나 지능 장애를 일으킨다.

증상은 지능 장애, 특히 언어 발달이 늦어지는 현상을 보이고 있는데 20퍼센트 안팎은 장애가 생기지 않는 수도 있다. 비교적 장애의 정도는 가벼우며, 치료로는 저히스티진 식료법(食療法)을 행하면 된다. 그러나 식사 요법의 효과에 관해서는 아직도 많은 의문점이 남아 있음을 유의해야 한다.

* 풍당뇨증(楓糖尿症)

로이신, 이소로이신, 발린의 대사가 장애를 받으므로 피 속에서 이러한 물질이 증가되어 흡부반사소실(吸附反射消失), 포유(哺乳), 무욕상(無欲狀) 경련을 일으키며, 때로는 사망하거나 지능에 상당한 이상이 나타난다.

이 대사 장애의 경우에는 특히 조기에 치료해야 하며, 생후 일 주일 내에 치료를 하면 사망하거나 지능의 장애를 방지할 수 있으므로 각별한 주의를 요하기 바란다.

* 갈락토스 혈증(血症)

출생할 때는 얼핏보기에 정상으로 보여지는 갓난아기에게 수일간 보통의 우유를 먹이면 차차 식욕 감퇴되고 구토, 설사, 발육 부진, 중증 황달을 일으킨다. 이러한 증상도 갈락토스를 분해하는 데 필요한 효소가 결손되어 있는 것이 주된 원인이며, 피 속의 갈락토스치가 상승하여 체내에서 축적되기 때문에 급기야는 지능 장애와 백내장(白內障)을 일으키게 된다.

유즙(乳汁) 속의 유당(乳糖)이 분해되어 갈락토스가 생기기 때문에 유당이 함유된 유제품을 가능한 한 금지하고 대두유(大豆乳)를 사용하면 유리하다.

✽ 크레틴증(선천성 갑상선 기능 저하증)

갑상선(甲狀腺)이 나빠서 일어나는 원발성(原發性) 크레틴증에는 갑상선의 결손에 의한 갑상선 형성 부전과, 갑상선 호르몬 생합성 장애 등이 있다. 또한 갑상선은 정상이지만 뇌하수체의 이상에 의한 2차성의 것이나, 시상하부의 이상에 의한 3차성의 것도 있다. 그러나 대부분은 원발성이며, 정신 박약이 되는 경우도 마찬가지이다.

한편 때때로 임상 증상이 명확하지 않은 것도 있으나, 조기에 탯줄 헤르니아, 피부 부종, 활발하지 못한 증상, 낮은 체온 등의 증상이 나타나는 경우도 있다.

치료로는 갑상선 호르몬의 조기 보충 요법을 이용해야 하며, 특히 지능이 떨어지는 현상을 완전히 없애기 위해서는 최소한 3개월 이내에 치료를 하지 않으면 안 되며, 발병의 빈도는 대체로 4천 명에 한 사람이라고 한다.

이상은 신생아의 선천성 대사 이상의 매스 스크리닝에서 거론되고 있는 질환이다. 이 검사도 혈액을 침투시킨 시험

지의 보존이 소홀하거나 낡아 있으면 약간 높은 치를 나타
내기도 하며, 신생아 중에는 간장의 효소가 미숙하기 때문
에 이러한 아미노산이 일과성(一過性)으로 높은 수치를 기
록하는 수도 있다. 그러므로 의구심이 생길 때에는 재검사
를 하도록 해야 한다.

4) 신생아 감염증

신생아 감염증의 특징은 대부분 초감염(初感染)이므로
독성이 강하게 나타나거나 전신 감염증으로 발전하기
쉽다. 또한 사망율도 최근에는 20퍼센트 안팎으로 감소되어
있으나 치료에 사용되는 항생 물질의 흡수나 배설이 나쁘
기 때문에 효과도 적고 부작용이 일어나기 쉽다.

세균 감염에서도 일반적으로는 병원성(病原性)이 없다고
하는 그램 음성 간균(대장균, 크레브셀라균, 녹농균, 변형
균) 등도 그 원인균이 될 수 있으며, 최근에는 B군 용혈성
연쇄구균이나 리스테리아 등이 특히 주목되고 있다.

비루스에는 태내 감염을 일으키는 풍진(風疹) 비루스, 단
순 헬페스 비루스, 수두대상 포진 비루스, 콕사키 비루스
B군 등이 있으며, 감염 경로는 지금까지 탯줄을 자른 끝이
나, 장관, 또는 폐 안으로 흡인하여 폐렴을 일으키는
경태반(經胎盤) 감염만으로 생각하고 있었으나, 최근에 출
산 때의 산도 감염 이외의 다른 원인이 발견되어 문제가 되
고 있다.

＊ 신생아 세균 감염증(신생아 패혈증)

이는 생후 30일 이내에 일어나는 전신 세균 감염증으로, 신생아에게는 감염을 방어하는 능력이 거의 없으므로 때때로 수막염(髓膜炎)을 합병증으로 일으키기도 한다.

병원균에는 그램 음성 간균(대장균, 크레브셀라균, 녹농균, 변형균 등)이나 그램 양성균(황색 포도구균, B군 용혈성 연쇄구균 등)에 의한 것과 리스테리아에 의한 경우도 볼 수 있다.

그리고 감염 경로는 아직까지 분명히 규명되어 있지 않지만 리스테리아처럼 태반을 지나면서 일어나거나, 출산 후에는 피부, 탯줄, 눈, 비인강, 귀, 호흡기, 소화기, 요로 등을 통해 피 속으로 들어간 것으로 짐작하고 있다.

이 병의 증상은 종류가 매우 다양한데, 대부분은 포유력 감퇴나 호흡 장애를 일으키며, 그밖에는 치아노제, 발열, 경련, 빈혈, 황달, 비종(脾腫), 등이 생기는 경우도 있다.

리스테리아 감염증과 같이 폐렴은 폐 내에서, 패혈증(敗血症)은 각 장기에 육아종을 형성하여 기관지 폐렴이나 수막염을 합병하는 특수한 감염증도 있다. 또한 세균 감염에 의한 수막염의 합병증도 빈번하게 볼 수 있는데, 이는 화농성 관절염을 일으키는 일도 있다.

＊ 사이토메가로비루스 감염증

이 증상은 임신으로 인해 임부의 체내에서 생성된 비루

스가 출산할 때 자궁 경관부(頸管部)에서 정상적인 신생아에게 감염되는 것으로 알려져 있다. 평상시에는 아무런 증상이 나타나지 않는 감염아는 스테로이드 호르몬이나 면역억제제를 복용하는 경우, 그리고 임신 등에 의하여 몸의 상태가 변하게 되면 다음 대(代)의 아이에게 전파된다.

그러나 우리나라의 임부는 그 90퍼센트가 이 비루스에 대한 항체(抗體)를 보유하고 있으며, 임신 중에 초감염이 되는 것은 5퍼센트 정도로 알려져 왔기 때문에 지금까지는 크게 문제가 된 적은 없다.

증상으로는 황달, 호흡 곤란 등이 생후 얼마 안 되어 나타나며, 병에 감염된 후 생명을 건진다 하더라도 신경학적인 후유증을 남기는 것으로 알려져 있다. 또한 소두증(小頭症)이나 석회화상(石灰化像) 등의 중추신경계 증상이 나타나는 경우는 중등도(中等度)에서 고도의 정신 운동 발달 지연을 남기므로 특히 유의해야 한다.

신생아기에 중추신경계의 증상이 나타나지 않는 경우는 고도의 신경 후유증을 남기는 일은 적지만 유아기(乳兒期) 후반에 이르러 소두증을 나타내거나 뇌성 마비, 혹은 귀머거리 등의 후유증을 남기는 수가 있으므로 장기간 경과에 대한 관찰이 필요하다.

＊ 단순 헬페스비루스 감염증

이 병은 출산 당시에 외음부 헬페스가 있는 경우, 또는 산도(産道)를 지나갈 때 감염하는 일이 많다고 한다. 감염이 피부, 구강, 눈 등에 국한되어 있는 경우(약 1/3)에 중추신경계의 후유증은 문제가 없으나, 전신 감염을 일으킨 아이는 사망하거나(사망율 96퍼센트) 죽음을 면해도 중추신경계에 후유증을 남기는 빈도가 대단히 높다.

이 비루스의 흥미로운 특색은 일단 감염하면 인체에 평생토록 잠복하고 있다는 것이다. 증상으로는 생후 일 주일 경부터 발열하거나 황달의 증상이 보이며 간비종대(肝脾腫大), 포유 장애, 기면(嗜眠), 호흡 장애, 치아노제, 허탈 상태 등을 나타낸다.

또한 신경 증상으로는 경련, 후궁(後弓) 반장, 대천문 팽륭, 근긴장 이상(筋緊張異常) 등이 나타난다. 따라서 외음 헬페스를 가진 임부가 출산을 할 때는 적절한 시기(파수전)에 제왕 절개를 함으로써 신생아에게 헬페스 감염되는 것을 예방하는 것이 바람직하다.

* 선천성 톡소플라즈마증

톡소플라즈마 원충(原蟲)에 의한 감염으로 불현성(不顯性) 감염이 많다. 발병하면 중추신경계가 침식되므로 매우 무서운 질병이라 할 수가 있다. 원충은 고양이를 비롯한 온혈 동물에 있는데 인간에게 감염되어 지는 경로는 돼지고기나 쇠고기의 경구(經口)이며 개나 고양이, 또는 각종 새의 분비물이나 타액에 의한 경우가 주종을 이루고 있다. 선천성 감염은 그와 같은 경로로 임신 중에 감염된 어머니로 부터 태반을 통해서 감염된다.

특히 임신 중에 초감염을 일으킨 경우는 감염율이 높으며, 임신 이전에 감염되어 항체를 가지고 있는 어머니로부터의 감염은 극히 드물다. 임신 중 초감염의 어머니에게서 태어나는 신생아는 약 1/3이 감염되고, 그 2/3는 증상을 나타내지 않고 있다가 발육하여 2-7개월 후에 망맥락막염(網脈絡膜炎)이 나타나는데, 사람에 따라서는 성인이 되어서 발병하는 경우도 있다.

만약 이를 치료하지 않고 방치하게 되면 지능 지수가 현격하게 저하되지만 치료를 하면 서서히 정상화 되기도 한다. 어쨌든 조기 치료를 요하는 질병임을 기억해 둘 필요가 있다.

증상은 출산 때, 또는 출산 후 4주일 이내에 빈혈, 비종, 황달, 발열, 간종(肝腫), 임파절염, 경련, 구토, 설사, 피진(皮疹) 등의 증상으로 시작하여, 후에 수두증(水頭症), 소두증(小頭症), 망맥락막염, 정신 발달 장애, 근경직, 마비 등의 후유증을 남긴다.

5) 중추신경계의 선천성 이상

이 병의 원인으로는 유전에 의하거나 출산 직후의 장애, 그리고 뇌의 형태가 형성되고 난 뒤 침습(侵襲)에 의하여 2차적으로 장애가 일어나는 경우가 있다.

또한 그 종류로는 완전뇌개열(完全腦蓋裂), 수막뇌(髓膜腦) 헤르니아, 수막 헤르니아, 완전척추열(完全脊椎裂), 수막 척수 헤르니아, 선천성 피부동, 소뇌증(小腦症)을 수반하는 대뇌피질 형성 이상, 대뇌증, 편측 비대증, 수강 이상에 의한 뇌수종 등이 있는데, 선천기형은 몇 가지의 이상이 합쳐져서 나타나는 경우가 많다.

* 소두증(小頭症), 소뇌수증(小腦髓症)

이 증상은 머리 둘레의 발달이 두드러지게 늦어 전신의 발달과 균형이 잡히지 않는다. 유전적인 것 외에 출산 전기의 장애에 의한 대뇌의 형성 이상도 있으며, 출산 후기에 생긴 무산소증이나 감염 순환 장애 등의 원인에 의한 대뇌의 광범한 변성(變性)이나 연화(軟化) 때문에 일어나는 일도 있다.

정신 발달의 지연이 보이게 되므로 두개골의 조기 봉합(早期縫合) 폐쇄를 정지시킬 필요가 있다.

* 대두증(大頭症), 거뇌증(巨腦症)

태어날 때부터, 또는 출생 후 얼마 안 되어 신체에 비해서 머리 둘레가 크며, 뇌의 전체적인 비후(肥厚)와 신경 세포에 장애가 된다. 기능이나 발달하는 속도의 정도는 사람에 따라 차이가 있으나, 대천문 폐쇄의 지연을 볼 수 있다.

경련 중적증(重積症)이나 급성 뇌증으로 사망하는 일이

있으므로, 유아형 범발성 경화증이나 뇌지질증에서도 2차
적으로 대뇌증이 되는 수도 있다.

* 뇌수종(腦水腫), 수두증(水頭症)

수액(髓液)의 과잉 생산이나 재흡수 장애로 두개(頭蓋)
내에 수액이 너무 많이 고여서 뇌압(腦壓)이 항진되어 발병
한다.

태생기의 형성 이상이나 태생 후기의 매독, 그리고 톡소
플라즈마 감염증이나 출생 후의 수막염, 뇌저(腦低)의 골변
형(骨變形), 뇌종양 등이 원인이 된다고 한다.

수액(髓液)을 배제하기 위한 수술을 했을 경우에 지능 저
하는 거의 방지할 수가 있다.

* 결절성(結節性) 경화증

뇌 안에 딱딱한 결절이 산재해 있으므로 유아기(乳兒期)
에 경련이 일어나며 점차 지능이 저하된다. 유아기(幼兒期)
가 되면 비근부에서 협부에 걸쳐 황갈색이나 핑크빛 또는
자홍색의 작은 구진이 나타난다. 뇌종양의 증상이 진행되
면 신속하게 수술을 해야 한다.

* 레크링하우젠병(신경선유종증)

유전적인 질환으로 피부의 색소 침착, 다발성 종양, 뼈나
다른 기관에 이상을 수반하는 질환이다. 사람에 따라서는

눈의 병변이나, 신경 병변(대두증, 지능 발육 부진, 경련) 등이 나타나기도 한다.

농갈색색소반(膿褐色色素斑)은 젖먹이 때부터 보이나 피하결절(신경섬유종)은 유아기(幼兒期)에 나타나는 경우도 있으며, 국민학생이 된 이후에 발생하는 경우도 많다. 또한 피부 종양은 10세 이후에 점차 나타나게 된다.

근본 요법은 없으며, 대증(對症) 요법을 주로 시행하고 있다.

✻ 스타지 웨버 증후군

안면의 포도주빛 모반, 뇌의 피질연막의 혈관 증생(增生) 과 신경 세포의 변성, 2-3세 이후에 볼 수 있는 두개내 석회상(頭蓋內石灰像), 선천성 토안(兎眼) 등을 가진 증후군이다.

간질 중적(重積) 상태가 되기도 하고, 감염증 합병으로 사망하는 일도 많으나, 경련이나 편마비(片麻痺)때는 안면이나 상하지의 반신 발육 부전을 수반하는 일도 있으며, 지능 발달의 지연, 안면, 경부, 상지, 가슴에 이르는 부위에 자색의 모반이나 안구 돌출 등을 볼 수 있다.

신경학적인 이상을 나타내는 질환에는 이밖에도 저혈당증, 저갈슘혈증, 저나트륨혈증 등의 대사 이상이 있는데, 이것들에 의한 경련도 그것을 되풀이하면 2차적인 뇌 장애를 부를 위험도 있으므로, 될 수 있는 대로 빨리 경련을 억제할 필요가 있다.

2. 유아기(乳兒期), 유아기(幼兒期)

1) 두부 이상

사람이 살아가다 보면 뜻하지 않는 강한 충격을 받아 두개골 골절이 일어나는 수가 있다. 이러한 일이 유유아(乳幼兒)의 경우에는 비교적 가벼운 타박으로도 생기는 수가 있는데, 골절의 형상에 따라서 선상 골절, 분쇄 골절, 함몰 골절로 나누어진다.

두개골의 골절은 두부의 뢴트겐 촬영에 의하여 진단되는데, 귓구멍이나 비강(鼻腔)에서 국소의 손상(損傷)이 없는데도 출혈이 있을 때는 일단 두개저(頭蓋底) 골절을 의심해 볼 필요가 있다.

이 중에서 선상 골절은 그대로 방치해도 상관없는 것으로 알려져 있으나, 골절선이 어느 부위에 있는가에 따라서 혈관 파탄에 의한 경막외혈종(硬膜外血腫)의 발상을 고려해야 한다.

또한 유유아의 선상 골절에서는 드물게 보는 예이기도 하나, 후일에 골절선이 벌어져서 확대성 두개골 골절이 되는 경우도 있으므로 주의할 필요가 있다.

한편 함몰 골절의 경우에는 외상성 간질이나 뇌 위축을 예방하기 위해서도 빨리 수술해야 한다. 처음부터 의식 장애가 계속되는 경우는 급성 경막하(硬膜下) 혈종이나 뇌좌상으로 생각할 수 있다.

처음에는 의식이 맑았던 환자가 시간의 경과와 함께 의식 장애가 나타나거나 악화되는 경우에는 급성 경막외혈종과 같은 병으로 생각할 수 있다.

그러나 완전히 반대인 경우도 있으므로, 어느 쪽이든 이와 같은 환자에게는 두부 X레이, 뇌파, CT 스캔 등의 검사가 필요하며, 조기 발견, 조기 치료는 어떤 경우에도 매우 중요하다.

2) 비타민 K 결핍증에 의한 두개내 출혈

최근 모유 영양의 장점이 재인식되어 아이들에게 모유를 먹이는 어머니들이 늘고 있다. 그런데 모유 중에는 우유의 1/4 정도에 해당되는 비타민 K가 함유되어 있으므로 자칫 비타민 K 결핍증이 일어날 가능성이 있으므로 주의를 요한다.

바로 태어난 아이의 장내는 무균의 상태이므로 비타민 K를 합성할 수 없으며, 간 기능이 미숙하기 때문에 응고 인자를 생성하지 못한다. 따라서 어머니에게 있는 비타민 K가 감소되는 생후 2-4일의 기간에 아이는 신생아 메레나라고 하는 토혈이나 하혈의 증상을 나타내는 출혈을 하기가 쉽다. 그러나 건강한 신생아는 주로 소화관 출혈이며, 후유증은 그다지 없다.

그러나 모유는 비타민 K의 함유량이 적긴 하지만, 장내 균총(菌叢)에서도 비피즈스 균이 99퍼센트 이상 있으므로 세균 감염 방지에 커다란 도움을 준다. 따라서 비타민 K의 부족을 두려워한 나머지 모유 대신 우유를 먹이는 일이 있어서는 안 된다.

다만 모유만을 먹고 있는 아이가 출혈의 징후를 보이면 조기에 비타민 K를 투여하도록 평소에 주의만 기울이면 되는 것이다.

3) 감염증
* 백일해 뇌증
백일해는 백일해균에 의한 급성 기도(氣道) 감염증이다. 예방 접종으로 그 발생을 예방할 수 있다.

특히 2세 이하의 유유아에게 많이 발생하는 백일해의 증상은 카타르기(1, 2주일)에서는 콧물, 기침, 발열은 거의 볼 수 없으며, 가족에 의한 감염이 없는 한 감기로 진단된다.

그러나 경해기(痙咳期, 3,4주일)에는 기침이 점차 심해져서 발작적인 기침이 되며, 호흡을 할 수 없을 정도로 심해진 후에 흡기(吸氣)가 일어나고 레프리제라고 하는 피리 소리를 낸다.

회복기(1-2주일)가 되면 발작적인 기침도 차츰 적어진다.

유아(幼兒)는 이상과 같은 기침의 발작이 없어지면 끝이 나
는데, 유아(乳兒)에 있어서는 경해기에 발열, 경련, 의식
장애의 증상을 보이는 백일해뇌증을 일으키는 수도 있다.
뇌증의 예후(豫後)는 일반적으로 좋지 못하며, 그 1/2은 사
망하고 살아 남은 자도 후유증이 나타나는 비율이 상당히
높다.

따라서 백일해의 예방 접종(3종 혼합)의 조기 실시가 바
람직하다. 개별 접종은 생후 3개월부터 가능하므로 부작용
을 겁내어 접종 연령을 지연시키는 일이 없도록 해야 한다.
또한 형이나 언니가 유아(乳兒)에게 감염시키는 예가 많으
므로, 형이나 언니가 밖에서 감염해 오지 않도록 동시에 예
방 접종을 시킨다.

* 파상풍(破傷風)

신체의 어딘가에 있는 외상(주로 손과 발) 속에서 증식된
파상풍균에 의하여 산생(産生)된 독소가 신경 종말관(終末
棺)과 중추신경의 운동신경 중추를 침식하여 특유의 증상
을 나타내는 것이 파상풍이다. 잠복기는 대체로 4-14일인데
이것이 짧을수록 예후가 나쁘다고 하니 주의를 요한다.

증상으로는 물건을 씹으면 피로를 느끼는 가벼운 것에서
부터 시작되어 점차 입을 벌릴 수 없게 된다. 경우에 따라
발어(發語) 장애나 식도 곤란도 나타나게 되며, 근육이 긴
장되어 경직성 경련 발작을 하는 경우도 있다.

이 경련은 햇빛이나 소리, 촉지(觸知) 등의 하찮은 외적 자극에도 반응하여 점차 경련의 간격이 짧아지면서 끝내는 지속적으로 일어나는 수가 있다. 그 때문에 척추 골절이나 근단열(筋斷裂)이 일어나기도 하는데, 2차적인 뇌 손상으로 각종 신경적 후유증을 남기기도 한다. 그러나 파상풍은 예방이 가능한 병이며, 3종 혼합 중에 포함되어 있으므로 백일해의 예방과 함께 맨발로 모래밭에서 노는 연령까지는 접종해 두어야 한다.

* 결핵성 수막염

결핵균의 감염으로 일어나는 병이어서 요즘은 거의 잊혀져 가고 있다. 그러나 유아기에서는 저항력이 약하므로 중증이 되기 쉽다.

이 병은 활기가 없거나 기분이 나빠져서 식욕부진의 현상이 나타나고 미열이 생기는 등 결핵의 증상부터 시작하여 수막 자극 증상인 두통, 구토, 대천문의 팽륭이나 항부 경직으로 발전한다. 예후가 매우 나쁘며, 그 1/4은 사망, 1/4은 치유되지만, 1/2은 후유증을 남긴다. 그런데 이 후유증도 중증이 되며, 중증 심신 장애, 정신 발달 장애, 마비 등이 약 절반을 차지한다.

조기에 발견하여 서둘러 치료를 하면 후유증을 경감할 수 있으나 발병 연령에도 문제가 있으며, 3세 미만에는 특히 좋지 않다. 따라서 보건소에서의 건강 진단 때, 반드시 투베르클린 반응, BCG를 맞도록 해야 한다.

* 세균성 수막염

세균인 연쇄구균, 포도구균, 폐렴구균, 인플루엔자균, 대장균, 녹농균, 살모넬라균, 리스테리아균, 수막염균, 결핵균 등이 수액(髓液) 속에 들어가서 수막에 염증을 일으켜 발병한다.

이들 균은 그 발병 연령에 따라 각각 다르며, 유유아기(乳幼兒期)에서는 인플루엔자균, 폐렴구균이 많고, 패혈증에 의해서 일어난다. 신생아 패혈증에 합병되는 수막염에서도 설명했지만, 신생아는 그 증상이 전형적인 것은 아니나, 유유아에 있어서는 특징적인 증상을 나타낸다. 즉, 발열, 두통 등에서 시작하여 경련이나 의식장애가 수반된다.

합병증으로는 수두증, 경막하수종(硬膜下水腫), 뇌농양(腦膿瘍) 등이 있는데 예후는 발병 연령에 따라 상당한 차이가 있으며, 어린 젖먹이일수록 후유증이 남는 확률이 높다.

* 마진후뇌염(麻疹後腦炎)

마진 비루스에 의한 감염증으로 비말(飛沫) 감염을 한다. 일반적으로 마진 발진기가 가장 성할 때 일어나는데(발진 출현 후 3-4일째에 많다) 발진이 나타나기 전에 뇌염 증상을 보이는 것도 있으며, 그런 경우는 예후가 나쁘다.

예후에 영향을 미치는 인자로서 의식 장애의 정도, 지속, 경련의 유무나 그 빈도에 관계가 있다. 아급성 경화성 전뇌염도 마진의 합병증으로 일어나는 수가 있으며, 대체로 2세 이하의 유아에게 걸린다. 또한 가벼운 증상이 많다.

백만 명에 한 명이라는 낮은 발생율이기는 하나 잠복기가 긴 것이 특징이며, 짧은 때는 1개월, 긴 경우는 27년이라는 보고도 있어 서서히 발병하는 진행성 뇌염이라고 할 수 있다.

발병의 원인에 대해서는 아직 분명하게 밝혀지지 않았으며 백신 접종은 자연 감염자의 약 1/10에 지나지 않는다. 그러나 마진이라도 소홀히 할 수 없으며, 생(生) 백신이 정기 접종으로 되어 있는 나라도 있음을 유의할 필요가 있다.

생백신에 의한 뇌염 발생율은 백만 명에 한 사람이라고 하는데, 자연 마진 때의 마진 뇌염의 1천 분의 1이라는 것을 생각하면, 접종 연령이 되면(1세 3개월 이후가 좋다) 자진해서 예방 접종을 받도록 해야 한다.

* 수두 뇌염(水頭腦炎)

수두 비루스의 감염에 의하여 일어나는 급성 전염성 질환이다. 발진이 나타난 후 2-9일 사이에 초발 증상이 나타나는데, 증상은 마진 뇌염과 거의 같다. 5퍼센트 안팎의 사망율이 있으며, 80퍼센트는 완전히 회복되나 15퍼센트 정도는 후유증이 남는다.

＊ 유행성 이하선염(耳下腺炎)에 의한 수막염, 뇌염

뭄프스 비루스에 의한 급성 감염증이다. 비루스에 의한 수막염에서는 가장 많으며, 약 10퍼센트의 발증을 볼 수 있다. 증상은 다른 비루스성 수막염과 마찬가지로 발열, 두통, 구토, 항부 경직 등이며 이하선염과 동시에 발증하는 경우도 있고 시기를 달리 해서 발증하는 경우도 있다.

또한 개중에는 수막염 증상뿐으로 이하선의 종기를 볼 수 없으며, 수액의 검사만으로 판명되는 것도 있다. 그러나 유행성 이하선염에서는 수막염의 증상을 나타내지는 않더라도 수액 검사에서는 그 반수에 감염이 있었다는 보고도 있다.

예후는 일반적으로 좋은 편이며, 대부분 일 주일 이내에 증상도 없어지고 후유증도 심하지 않지만 극히 드물게 뇌염의 발증이 나타나는 경우도 있고, 때로는 중태에 빠지는 수도 있다.

＊ 파이 증후군

인플루엔자의 B유행과 관련되어 있으며, 급성 뇌염(고열, 의식장애, 혼수, 경련)과 간장의 지방 변성을 수반하는 증후군으로 이 환자의 간생검(肝生檢)에서 인플루엔자 비루스가 분리되고 있다. 최근의 보고에 의하면 풍진 비루스가 발견되었다고 하는데, 따라서 반드시 인플루엔자 비루스만이라고 할 수 없을지도 모른다.

증상은 인플루엔자 비루스에 의한 상기도(上氣道) 감염 후, 3-10일이 지나서 고열과 구역질, 구토의 증상으로 시작된다. 그 후 1-3일 이내에 급성 뇌증 증상을 나타낸다. 2-3세의 연령에 발생율이 높으며, 인플루엔자 B 이환자(罹患者)의 1천 7백 분의 1의 발생율로 알려져 있다. 또한 사망율도 높아 36-58퍼센트라는 보고도 있다.

이 증후군은 도시보다 교외나 시골에 사는 아이들에게 많으며, 영양 상태나 면역 상태, 농약이나 살충제 등의 환경 인자도 발증에 관계가 있는 듯하다. 예후는 나쁘며 사망은 모면해도 4세 이하에게서 반수 이상의 후유증을 볼 수 있다. 특히 젖먹이에 있어서는 저혈당으로 불가역적(不可逆的)인 뇌 장애가 일어나기도 한다.

이 인플루엔자도 예방 접종이 매년 실시되고 있으나, 형(型)의 변화가 심하며, 예방 접종자로부터의 발병자가 생겨나서 문제가 되고 있다. 그러나 같은 형의 비루스가 유행했을 경우에는 그 예방 접종의 효과를 볼 수 있으므로 유아는 접종하는 편이 좋다.

* 루스 뇌염, 수막염

여러 가지 비루스에 의해서 일어나는데, 마진, 풍진, 수두, 유행성 이하선염, 인플루엔자에 관해서는 앞에서 설명한 바와 같다. 그 밖에 폴리오(소아마비), 콕사키, 에코, 단순성 헬페스에 의한 것도 있으나, 원인이 분명하지 않은 것도 많다.

일반적으로 감염된 비루스는 임파 조직 속에서 증식되어 비루스 혈증을 일으켜 이어서 장기(臟器)에 감염된다. 그러나 신경 증상이 이 시기에 바로 나타나지 않으며, 파종된 비루스가 장기 중에 증식된 후 중추신경계를 침습하여 신경 증상이 나타난다.

수일 후에 회복되며, 후유증을 남기지 않는 경우도 있으나, 지각(知覺) 장애, 경련 혼수 상태에 빠져 사망하는 경우도 있다. 일반적으로 생후 1년 미만의 발병은 신경학적인 후유증이 남는 경우가 많으며, 머리 둘레가 작거나, 지능 지수가 낮고, 언어 발달의 지연을 볼 수 있는데, 연령이 높은 환자는 후유증도 적다.

병상에는 고열, 의식과 정신 장애 등이 있으며, 발증은 급격히 오는 경우가 많다. 뇌 증상을 나타내기 전에 오한, 발열, 두통, 구토 등의 증상이 나타난다.

조기 치료는 그 생명의 예후뿐만 아니라, 후유증의 유무에 있어 중요한 것이기는 하나, 비루스에 대한 근본적 요법은 없으며, 근년에 세포 내에 비루스 증식을 저지하는 생체 방어 물질로서 인터페론이라는 항 비루스제가 개발되어 앞으로 기대되고 있다.

* 일본 뇌염

일본 뇌염 비루스가 돼지의 체내에서 증식되어 소형 특

수 모기에 의하여 매개되는 병이다. 일반적으로 공포의 대상이 되어 왔으나, 최근에는 그 발생 수가 격감되어 가는 추세에 있다.

7월에서 9월에 걸쳐 발생하며, 특히 유아와 노인에게 많았으나 유아를 위한 적극적인 백신 접종으로 근년에는 거의 환자가 발생하지 않고 있다. 또한 위생 상태의 개선으로 환자 발생이 감소된 것은 사실이지만, 돼지의 항체 보유 상황을 조사한 결과 아직도 근절되지 않고 있어 언제 다시 유행할는지 모른다.

증상으로는 다른 뇌염과 같이 발열, 두통, 구역질, 구토 등이 있으며, 시간이 지나면 의식 장애와 정신 장애를 일으키다가 경련의 증세도 나타내며, 그 1/3은 사망하고, 1/3은 후유증이 남으며, 나머지는 완전히 치유된다고 한다.

4) 간질병(癎疾病)

어린이는 여러 가지 원인으로 경련을 일으키기 쉽다. 이것은 어린 아이의 뇌는 아직 미완성인 상태에서 급속한 뇌 대사가 있으므로, 아직 흥분 억제 기구가 미숙하기 때문이다. 간질병은 그 75퍼센트가 15세까지에 첫발작을 일으키는 반복성의 발작성 뇌율동 이상에 기인한 뇌 질환이다.

간질병은 유전성이라고 믿고 있으나, 한 통계에 따르면 원인 불명이 51퍼센트, 주산기(周産期) 장애가 25퍼센트, 출생 후의 이상이 10퍼센트, 유전성 원인이 9퍼센트, 출생

전 이상이 5퍼센트라고 한다. 이것을 보더라도 유전성이라
고 단정짓기에는 부족하다.

의식, 운동, 감각, 자율 신경, 정신의 여러 영역에 여러
가지 증상이 나타나므로 그것을 발작형으로 분류하여 알아
보도록 하겠다.

* 대발작(大發作)

가장 많이 볼 수 있는 발작형의 하나로 간질병이라면 일
반 사람들은 곧 이 형의 발작을 연상하게 된다. 이것만의
단독 발작, 또는 다른 발작형과 합병하여 나타나기도 하는
데, 특히 소발작과의 합병이 많다.

발작은 갑자기 의식이 없어지는 것이 특징이며, 이어서
긴장성의 간대성(間代性) 경련이 일어난다. 발작 전의 전조
로 눈앞에 불꽃이 튀며 현기증이 생기고 청각의 이상, 복
통, 신체 일부의 무감각이나 과민, 또는 이상감 등이 일어
나는 경우도 있다.

또한 발작이 끝나면 대부분 잠이 드는데 잠에서 깨었을
때는 두통이나 피로감을 느끼는 수가 있다. 때로는 간질 중
적증이라는 발작이 짧은 간격으로 차례로 연속해서 나타나
며, 발작 사이에도 의식이 회복되지 않고 중태에 빠지는 수
가 있다. 이런 때는 될 수 있는 대로 빨리 발작을 그치도록
해야 한다.

* 소발작(小發作)

이것은 전조도 없이 갑자기 의식을 잃는데, 그 지속 시간이 5-30초로 짧고, 다시 갑자기 의식을 회복한다. 5세-12세의 아이들에게서 많이 볼 수 있는 현상이다. 발작 직후에도 두통 등은 없으며 의식 회복 후에는 평상상태가 된다.

발작 중에는 눈의 공허한 응시나 대화의 중단, 때로는 눈 언저리의 경련이나 손발에 가벼운 경련이 일어나는데, 다른 운동 증상은 볼 수 없다. 발작의 회수는 많아서 대발작이 하루에 1-2회인데 비해 수회 또는 수십회나 일어난다.

일반적으로 이 발작은 회수가 많아도 지능에는 장애가 없으나, 동작의 반응이 둔해지거나 대발작으로 발전하는 수가 있다.

* 미오크로니 발작

사지, 또는 구간(軀幹)의 근육이 좌우 대칭되어 순간적으로 자신의 의사와는 달리 켕기는 발작이다. 의식은 일반적으로 정상이다. 잠이 들려고 할 때나 깼을 때에 많은데, 때로는 외적 자극에 의해서 유발되기도 한다. 단독으로 일어나는 일도 있으나 대발작과 합병되는 경우가 많으며, 특히 소아에 많은 편이나 성장함에 따라 감소된다.

* 실립 발작(失立發作)

자세를 유지하는 기능이 상실되어 앞으로 엎어지거나,

엉덩방아를 찧는 발작이다. 발작은 순간적이며 곧 일어설 수 있다. 대발작이나 촛점 발작과 합병되는 경우가 많고, 종종 지능 장애나 운동 발달의 지연이 수반된다.

* 촛점 발작(焦點發作)

발작이 신체의 일부에서만 일어나거나 또는 일부에서 시작되는 것을 말한다. 이것에는 운동성과 지각성이 있으며, 대뇌반구피질(大腦半球皮質)의 일부에 병의 원인이 있을 수 있다.

지각성 이상에는 마비나 통감(痛感) 등이 있으며, 시각의 이상에는 섬광, 청각의 이상에는 신음 소리나 북소리 등이 있는데 이것들은 각각 뇌의 병소에 기인하고 있다.

* 정신 운동 발작

소아기에는 그다지 많지 않으나, 20-25퍼센트는 15세 이전에 발병한다. 자동적이며 획일적인 운동으로 얼핏보기에는 합목적적인 행동이나 몸짓처럼 보이지만, 기묘하고 의식 혼탁이나 사태에 대한 기억 상실을 볼 수 있다.

유아에 있어서는 저작(咀嚼)이나, 연하(嚥下) 운동의 반복이 많은데, 연장아에 있어서는 응시나 멍청한 동작, 또는 동작이 정지되는 경우도 있다. 때로는 대화가 불가능해지기도 하고 지리멸렬한 말이나 분노, 혹은 흥분 상태에 빠지는 것을 볼 수 있다.

* 자율신경 발작

발작적으로 자율신경 중추에 일어나는 장애로 구역질, 구토, 복통, 빈맥(頻脈), 심계(心悸), 항진, 국한성 발적(發赤), 치아노제, 발한(發汗), 머리카락이 곤두서는 증상, 무호흡 등의 증상이 발작적으로 일어난다. 이상의 증상이 장기의 기질적 질환에 기인하지 않으며, 뇌파에 이상이 있는 것이 특징이다.

* 점두 간질(點頭癎疾)

대부분 유아(3-12개월)에게 나타나는 증상이다. 발작은 극히 짧은 시간(순간적 내지는 수초)에 이루어 지는데, 종종 수초 간격으로 반복하여 시리즈를 형성하는 특징이 있다. 또한 머리, 목을 앞으로 숙이는 동작뿐만 아니라 팔을 들어 올리는 동작이 눈에 띄며 정신 운동 발달의 장애가 수반된다.

원인에 관해서는 분만 장애, 무산소성 뇌증, 뇌염 후유증, 대사 이상, 염색체 이상을 들 수 있는데 분명하지 않은 것도 있다. 이 발작은 1-3세에서 서서히 없어지거나 대발작, 또는 미오크로니 발작, 레녹스 증후군으로 옮아 가는데, 대부분의 증례에서 고도의 지능 장애를 남긴다.

5) 뇌종양(腦腫瘍)

유아기에는 드물지만 5-6세가 되면 서서히 나타나기 시작한다. 특히 소아의 소뇌나 뇌 중심부에 종양이 많은 것으로 알려져 있다. 뇌 종양을 포함한 중추신경계 악성 종양은 소아가 그 10-15퍼센트를 차지하며, 15세 이하의 소아에 있어서 두개내(頭蓋內) 종양의 발생 빈도는 인구 10만 명에 대해서 연간 3-5명 정도다.

증상은 종양에 의한 뇌압 항진이 있으나, 소아에 있어서는 두개골 봉합(縫合)이 벌어져서 대상(代償)되기 때문에 분명하지 않을 수도 있다. 뇌압 항진 증상에는 구토, 두통, 사시, 시력 장애, 두개의 확대, 경련, 또는 종양이 나 있는 부위에 따라 국소 증상이 나타나는데, 소아의 경우에는 수두증을 일으키기 쉬우며, 그 때문에 진단이 곤란한 경우도 있다.

치료에는 뇌감압요법(腦減壓療法), 외과적인 적출, 또는 방사선 요법이 있는데, 이것은 악성 종양에만 가능하다. 또한 재발되는 수도 있으며 현대의학에서도 아직 완전한 치료에는 성공하지 못하고 있는 실정이다.

이상으로 머리를 나쁘게 하는 병에 관해서 지명도가 높은, 주로 일반적인 치료와 예방이 가능한 것에 관해서 설명했다. 그러나 어느 경우에도 부모는 필요한 정기 검진이나 예방 접종을 게을리하지 말아야 한다. 또한 매일 깊은 주의를 기울여 자녀의 건강 상태를 관찰하고 있으면 예방할 수 있는 경우가 많으며, 어떤 병에 대해서도 조기 발견, 신속한 치료를 잊어서는 안 된다.

제2부 이비인후과 입장에서 본 질병

1. 질병은 능률저하의 주범

아이들에게 귀나 코, 그리고 목의 질환이 생기면 육체적 장애는 말할 것도 없고 정신적 장애, 특히 머리의 작용이나 공부의 능률에도 큰 영향을 주므로 그대로 방치해서는 안 된다.

예를 들면 코의 질환의 경우 코막힘과 두통의 증상이 수반되는 예가 많은데, 이것이 아이들로 하여금 짜증을 나게 하여 침착하지 못한 성격을 조장하거나 주의력과 집중력을 잃게 하는 빌미를 제공한다.

또한 귀에 관해서는 난청으로 선생님의 이야기를 제대로 알아듣지 못할 뿐만 아니라 유아기에 있어서는 언어 발달을 지연시키는 대표적인 요인이 되기도 한다.

이러한 상태를 그대로 방치해 두면 아이는 공부에도 몰두할 수 없게 되며 결국에는 공부에 흥미를 잃게 된다. 예를 들어 아무리 훌륭한 환경에서 최신의 방식으로 지식을 주입시켜도 그것을 받아들이는 머리의 컨디션이 정상이 아니므로 효과가 반감될 수밖에 없는 것이다.

일상적 진료에서도 흔히 볼 수 있는 이비인후 질환을 들면 다음과 같다. 급만성 비염, 급만성 부비강염(副鼻腔炎), 코 알레르기, 그밖의 급성 중이염, 삼출성 중이염, 외이도 습진 등이 그것이다. 이러한 질환은 코막힘, 콧물 과다, 두통이나 머리가 무거운 증상, 또는 귀앓이, 귀에 물나기, 귀가 막힌 느낌이나 귀에서 소리가 나는 증세, 난청 등 많은 환자들이 호소하고 있는 증상이다.

이제 그러한 증상에 관해서 살펴보기로 하겠다. 먼저 두통인데, 이것은 많은 환자에게서 흔히 볼 수 있는 증상이다. 통계에 의하면 두통을 호소하는 사람은 이비인후과 외래 환자의 30퍼센트이며, 그 중에서 코 질환은 21.3퍼센트, 귀 질환이 5.3퍼센트, 인두, 후두 환자가 3.5퍼센트, 구강을 비롯한 그밖의 환자가 0.2퍼센트라는 결과가 나와 있다. 상당한 비율이라 할 수 있다.

코의 질환을 보면 만성 비염, 비중격 만곡증, 급만성 부비강염에 따른 두통이 대부분이다. 한편 귀 질환에서는 외이염, 급성 중이염, 만성 중이염의 급성 염증 등이다. 또한 드물기는 하나 이성두개내(耳性頭蓋內) 합병증 등도 생각할 수 있으며, 뇌농양, 뇌막염, 정맥동염 등도 들 수 있다. 끝으로 목구멍, 인두 질환에서는 급성 구개 편도염, 안기나 만성편도염의 급성염을 반복하는 경우, 또는 아데노이드에 의한 두통도 상당히 있다. 이상과 같이 한 마디로 두통이라고 해도 상당히 폭넓은 질환을 수반한 증상임을 알 수 있다.

다음은 난청인데, 이것은 저음부와 고음부의 난청으로 나누어진다. 저음부의 것은 급성, 만성의 중이염을 들 수 있다. 고음부의 난청에는 선천성의 소인에 관계된 것, 마진이나 유행성 이하선염, 인플루엔자 등의 질환에 따른 것과 스트렙토마이신이나 카나마이신 등의 약물 중독에 의한 것 등이 있다. 따라서 아이들이 소리가 잘 들리지 않는다고 호소하는 경우에는 그것이 어느 정도인가, 어떤 소리가 들리지 않는가 하는 것을 확인할 필요가 있다.

비폐(鼻閉), 즉 코가 막히는 증상이 나타나는 질환으로서는 비중격만곡증, 코 폴리프, 급만성 부비강염이나 아데노이드, 코 알레르기 등을 들 수 있다. 감기가 들어 코가 막히는 것은 누구나 경험하는 일이지만, 이러한 상태가 오래 계속되면 스트레스가 축적되고, 시간이 흐를수록 업무나 공부에 집중할 수 없는 것은 당연하다.

코막힘은 콧물 과다를 수반하는 수도 많은데, 콧물 과다로서는 코 알레르기, 만성 부비강염, 아데노이드나 비인두(鼻咽頭) 종양 등을 생각할 수 있다. 코의 출혈은 앞에서 말한 질환에 의한 키제르바하씨 부위가 헐어서 생기는 것이며, 드물게는 악성 종양에 의한 경우도 있으므로 주의를 기울여야 한다.

끝으로 언어 장애인데, 이것은 청력 장애에 의한 언어 발달의 지연 뿐만 아니라, 비인강(鼻咽腔) 폐쇄 부전에 의한 구음(構音) 장애 등의 말초 기관의 이상도 생각할 수 있다.

이상으로 증상에서 본 질환 예를 설명한 셈이다. 이들 증상이 한 가지, 혹은 두 가지 이상이 겹쳐져서 만성적으로 경과하면 육체적 장애는 말할 것도 없고, 정신적으로도 장애를 일으켜 아이의 정상적인 발육을 방해하는 원인이 되기도 하므로 주의할 필요가 있다.

유아기에는 흔히 〈우리 아이는 멍청하게 입을 벌리고 있다〉, 〈무슨 일이든 곧 싫증을 내고 침착성이 없다〉라는 이야기를 듣는데, 아이들 자신이 거의 자각을 하고 있지 않으므로 부모가 각별한 주의를 기울여 그것을 알아차렸을 때는 방치해 두지 말고 반드시 전문의의 검사를 받아야 한다.

소아기의 이비인후 질환은 극히 한정된 것이다. 그러나 이것들은 성장기의 아이들에게는 일상 생활 속에서 갖가지 장애를 일으키며, 또한 정상적인 발육을 방해한다는 것을 명심해야 한다.

2. 이비인후과 계통의 질환

1)코의 질환

* 비중격기형(鼻中隔奇形)

'코가 낮다, 높다'하는 것이 흔히 예쁘거나 미운 코의 바로미터가 되곤 하는데, 이 코를 지탱하고 있는 것이 바로 비중격이다. 비중격은 좌우 어느 쪽엔가에 만곡, 또는 산맥 모양의 융기나 돌기를 편성하고 있다. 이것이 어떤 증상이나 질환의 원인이 되어 있는 경우는 치료의 대상이 된다.

정도의 차는 있으나 이 부위에 이상이 생기면 코 호흡의 곤란이나 코 안의 분비물 배설이 방해를 받게 된다. 또한 목구멍에 콧물이 들어가기 때문에 인두염이나 만성 부비강염의 한 원인이 되기도 한다. 그밖에 두통이나 편두통과 같은 증상도 나타난다.

비중격기형이 머리에 주는 영향으로서는 기억력 감퇴, 주의력 산만 등을 들 수 있다.

* 만성 비염(慢性鼻炎)

주된 증상으로서 나타나는 것은 코 호흡과 분비의 장애라 할 수 있다. 코막힘의 정도가 진행되면 입으로 호흡을 하지 않으면 안 되며, 그 결과 숙면을 하기 어려워진다. 언제까지나 수면 부족 상태가 계속되면 기억력, 사고력, 주의력 등을 충분히 발휘할 수 없게 되는 것은 우리들이 일상의 경험을 통하여 인식하고 있는 것이다.

만성 비염의 원인으로는 ①세균 감염이나 세균 감염이 치유되지 않는 경우 ②온열적 자극이나 건조, 습기, 먼지가 많은 환경 ③삼출성이나 알레르기성 본질 등 전신적인 것 등이 있다. 또한 이 만성 비염이 원인이 되어 부비강염 등 의 질환으로 연결될 수도 있으므로 가볍게 생각해서는 안 된다.

* 부비강염(副鼻腔炎)

코의 동(洞) 내부에 고름이나 점액이 축적되므로 축농증 이라고도 한다. 최근에는 매우 감소되어 그 증상도 점막이 붓는 정도의 가벼운 것이 눈에 띄게 되었다. 그러나 알레르 기성 비염과 함께 코 질환의 대표적인 것으로 일상의 진료 에 있어서 부비강염의 환자는 아직도 많다.

많은 부비강염의 근원은 소아기에 있다는 것이 정설이니 만큼 조기 발견, 치료가 중요하다.

* 급성 부비강염(急性 副鼻腔炎)

이 증상은 정신력에 엄청난 영향력을 발휘하며, 나아가 서는 머리의 작용에도 깊은 관계가 있다. 자각증으로서는 전신의 권태감, 집중력 부족, 두통이나 누르는 듯한 통증이 나타나며, 다량의 비루(鼻漏)와 비점막의 종기에 의한 코 호흡 장애도 일어나게 된다. 이러한 증상이 두세 가지 겹쳐지면 일을 하는 데 있어 상당히 불편을 준다는 것은 두말할 필요도 없다.

급성 부비강염이 생겨나는 이유는 ①부비강 점막의 감염 ②다른 화농소로부터의 전이(轉移) ③유전적인 요소 ④육체, 정신적 피로나 전신적 질환 ⑤비타민 부족이나 알레르기성 점막 반응 ⑥각동(各洞) 개구부의 폐쇄, 또는 협착이나 폴리프 형성에 의한 배설 기능 장애 ⑦수영이나 목욕에 의한 불결한 물의 침입 ⑧치아(齒牙)로부터의 감염 등이 있다.

주의하지 않으면 안 되는 것은 급성 부비강염이 완치되면 문제가 없지만 완치되지 않은 채 그대로 방치하면 곧 만성이 된다는 점이다.

* **만성 부비강염(慢性副鼻腔炎)**

소아, 특히 유아에 있어서는 자각 증상을 호소하지 않는 경우가 많으므로 증상 파악이 곤란하다. 그리고 만성 염증의 대부분은 비강의 급성 염증에서 급성 부비강염을 일으켜 그것이 완치되지 않는 경우가 대부분이다. 따라서 급성 염증의 단계에서 완전히 치유하도록 하는 것이 중요하다.

* **코 알레르기**

이는 최근 급속히 증가되고 있는 질환이다. 증상은 감기와 혼돈하기 쉬운데, 처음에는 재채기와 콧물로 시작된다.

재채기라고 해도 두세 차례 정도라면 문제가 없지만 9회, 10회로 계속되어 코도 막히게 된다. 또한 코 안의 소양감 (搔痒感), 두통, 눈물 등의 증세가 나타나기도 한다.

이러한 발작이 장기간 계속되면 주의력 산만, 집중력 불능 등 머리에 영향을 미치게 된다. 재채기나 코만 풀고 있어서는 공부에도 집중할 수 없는 것은 당연한 일이다. 이른 봄이나 늦은 봄, 꽃가루라는 단일한 알레르겐에 감작(感作)되어 거기에 항체가 생겨 다시 알레르겐이 침입하면 항원 (抗原) 항체 반응을 일으킨다.

이처럼 알레르겐이 판명되면 문제는 없으나, 좀체 증명하기가 어려우며, 게다가 알레르겐에 약하므로 더욱 힘들다. 알레르겐은 호흡기, 소화기, 주사 등에 의하여 체내에 들어간다. 꽃가루, 짐승의 털, 곰팡이, 이질 단책, 먼지, 피혁, 곡식 가루, 약품, 휘발성 가스, 세균체의 단백 등을 들 수 있다.

이밖에 온열, 한냉, 육체 및 정신적 피로나 기계적 자극, 화학적 자극, 또한 소인이 있는 사람의 비점막에 알레르기 증상을 일으키는 수가 있다. 또한 치아, 편도, 부비강 등의 병소가 알레르기성 소인의 형성에 역할을 하거나, 세균성 알레르기를 일으키는 것으로 생각된다.

2)목의 질환

* 아데노이드

선양 증식증(腺樣增殖症)이라고도 하는데 삼출성이나 임파성 체질에 많다. 코 안의 인두 위에 있는 관계로 가까운 기관의 감염성 합병증이 수반되며, 육체적 정신적 발육 장애를 초래한다.

어린이의 상인두는 좁기 때문에 인두 편도의 비대는 기도를 좁게 해서 코 호흡 장애를 일으켜 코막힘을 호소하고 잠을 잘 때 코를 골게 된다. 그러나 더욱 중요한 것은 난청이라고 할 수 있다. 비대한 아데노이드 때문에 이관(耳管)에 염증이 생겨 이관, 중이, 카타르를 일으킨다. 처음에는 발작성 난청이지만 점차 지속적인 것이 되어 이폐새감(耳閉塞感), 귀에서 소리가 나는 증세를 호소하는 수도 있다. 대체로 10-20데시벨의 청력 손실을 보인다.

또한 중이염에도 잘 걸리는 경향이 있다. 코의 장애로는 비염, 부비강염을 일으켜 비루가 나오는데, 소아의 코감기가 만연하는 것은 아데노이드에 원인이 있는 경우가 많다. 한편 코 호흡 장애로 깊이 잠들 수가 없으며 계속적으로 수면 중에 코를 골고 야뇨증, 야경증(夜驚症)의 원인으로 발전한다.

또한 이것이 주의력 산만이나 사고력, 기억력 감퇴 등을 초래하여 난청과 함께 학업 성적 저하의 원인이 되기도

한다. 목구멍의 질환은 직접 머리에는 관계가 없다고 생각
하는 사람도 있으나 의외로 경시할 수 없는 것이다. 그밖의
증상으로서는 입 호흡에 외해서 인두, 후두 기관의 염증이
일어나기 쉬우며 미열의 원인이 되는 수도 있다.

3)귀의 질환

* 중이염

중이염은 이관(耳管)에서 균이 들어오면서 시작된다. 특
히 소아의 이관은 굵기에 비해 짧아서 비염이 있을 때 콧물
의 매출이 원활하지 못하기 때문에 인두에 분비가 많은 이
유로 소아가 중이(中耳)에 감염을 일으키기 쉬우므로 조심
해야 한다.

극히 초기의 중요한 호소로서는 귀앓이라 할 수 있다. 송
곳 등으로 찌르듯이 아프며, 때로는 귀가 꽉 막히는 것 같
은 느낌이 선행되는 수가 있다. 귀앓이는 소아에 있어서 특
히 심하며, 초기에는 전신 증상과 함께 전신에 힘이 없고
고열을 수반한다. 또한 귀에서 소리가 나거나 청력 저하,
이루(耳漏) 등의 증상이 따르게 된다.

만성 중이염은 소아기에 있어서는 문제가 되지 않는다.
그러나 성인의 만성 중이염을 조사해 보면 유아기에 걸린
적이 있는 경우가 많으므로 치료는 완전히 해두는 것이 중
요하다.

* 난청(難聽)

소아가 소리가 잘 들리지 않는다고 호소하는 것은 극히 드문 일이므로 어머니의 세심한 관찰이 있어야 한다. 소리가 잘 들리지 않으면 사물에 대한 집중력도 둔해져서 머리에 나쁜 영향을 미치게 된다. 눈으로 보고, 소리로 들으며, 글을 쓰는 작업이 있음으로써 비로소 두뇌도 정상적으로 작용하므로, 난청 상태를 그대로 두면 큰 핸디캡을 갖게 됨은 두 말할 나위가 없다.

여기에서 과연 어떤 소리가 들리지 않는가가 근본적인 문제가 된다. 낮은 소리가 안 들리고 높은 소리는 잘 들리는 전음(傳音) 난청은 외, 중이의 병변(病變)으로 고막의 질환, 중이염, 이경화증, 이관협착 등이 원인이다. 이와는 반대로 낮은 소리는 들리는데, 높은 소리는 들리지 않는 것을 감음(感音) 난청이라고 한다.

그밖에 약물 중독에 의한 것, 즉 스트렙토마이신 난청이나 음향성 난청, 유행성 이하선염이나 홍역, 인플루엔자, 급성열성 질환에 의한 것도 있다. 이상에서 아이들의 머리에 나쁜 영향을 주는 이비인후과의 질환에 관해서 설명한 셈인데, 어느 것이나 뇌의 작용에 관계되므로 조기 발견, 조기 치료가 무엇보다도 중요하다.

제3부 안과 입장에서 본 질병

1. 눈의 성장과 지능 발달

우리의 주위에는 갓 태어난 아이의 눈은 보이지 않는 것으로 생각하는 사람이 많다. 그러나 갓난아기는 태어났을 때부터 단시안(單視眼)으로 시각을 통하여 외계의 물체를 보기 시작한다. 그리고 생후 3개월이 되면 눈의 공동 운동이 가해져서 두 눈이 함께 움직이기 시작한다. 이때부터 여러 가지 외계의 자극이 망막에 그 나름대로 정밀하게 비쳐지기 시작하며, 그 자극은 시신경을 통하여 구심적으로 대뇌의 중추신경을 자극한다.

6개월이 되면 두 눈이 물체를 따라 움직이거나 주시할 수 있게 되며 대뇌중추에의 자극은 더욱 왕성해진다. 그러므로 인간은 태어났을 때부터 외계의 정보를 눈을 통해서 얻고 있다고 해도 과언이 아니다. 한편 선천적으로 어떤 시력 장애 요소가 있으면, 생후 6개월경에는 보이지 않는 눈이 사시(斜視)가 된다. 따라서 이 시기에 깊이 주의하지 않으면 눈이 안 보이는 상태도 초래할 수 있다.

예를 들면 갓난아기나 아이들에게 다래끼가 생기거나 눈꼽이 난다고 해서 안대를 해주는 어머니가 있는데 건강한 유아의 눈에 안대를 하는 것은 시력 발달을 크게 방해하는 것이므로 바람직하지 않은 일이다. 특히 수개월밖에 안 된 갓난아기에게는 며칠 동안의 안대는 부가역적(否可逆的)인 시력 장애를 남기는 일이 많으므로 충분히 주의하지 않으면 안 된다.

그런데 아이가 3세가 되면 자아에 눈을 뜨게 되어 빠른 아이는 간단한 정도의 글자를 충분히 외울 수 있는 능력이 생긴다. 또한 이 시기에는 3세아의 건강 진단을 통하여 심신의 발육이 순조로운지의 여부를 체크하는데, 사실은 이 때 눈의 건강 진단을 받는 것이 얼마나 중요한 일인지 일반 사람들은 잘 모르고 있다.

시력을 검사하는 방법에는 자각적인 방법과 타각적인 방법이 있는데, 타각적으로 기계를 써서 굴절 이상(근시, 원시, 난시)을 조사하는 방법은 1세부터 할 수 있다. 자각적인 굴절 검사는 3세 정도가 가장 초기의 연령이라 할 수 있다. 즉 3세가 되면, 글자를 외우거나 간단한 동물의 실루엣(개나 새 등의)을 자신이 표현할 수 있다.

일반적으로 3세아의 시력 검사는 란돌트 환(環)이라는 시력표의 기본인 일부가 잘려 있는 환(環)을 써서 조사하는 것이 좋을 것이다. 또한 그 환은 하나씩 내어서 눈 앞 2.5 미터 정도 되는 곳에서 검사를 하게 된다. 3세에는 그다지 표현력이 풍부하지 못하며 집중력도 산만하지만, 이처럼 해서 주의 깊게 검사해 보면 3세아의 시력은 일반적으로 정상 수준으로는 0.8이상, 1.0 가까이 된다.

특히 이 시기에 이르면 아이의 눈은 모양근(毛樣筋)이 발달하기도 해서 조절과 폭주의 연결이 생기게 되어 움직이는 것, 큰 것, 작은 것, 가까운 것 등 무엇이든 자유로이 입체적으로 포착하게 되며, 지식욕도 왕성해지기 시작한다. 그리고 망막의 가장 중요한 황반부(黃斑部), 즉 상(像)이 가장 선명하게 영사되는 부분에 선명한 자극이 전달되어, 그 자극이 머리의 시중추에 선명한 자극을 주어야 좋은 시력이 배양된다.

그리고 6-7세가 되면 대부분의 어른들과 다름 없는 시력과 시기능을 갖추게 된다. 즉 3세에서 6,7세까지의 시기는 시기능이 완성되고 시중추의 발달, 나아가서는 지식의 흡수 등 그 아이의 두뇌적인 발육을 위한 초기의 중요한 시기임을 알아 두도록 하자.

또한 이 시기는 돌이킬 수 있는 시기이므로 더욱 중요하다. 시력 장애, 다시 말해서 약시나 사시(斜視) 등의 증상이 있어도 이 시기에는 충분히 치유가 가능하다. 한편 취학 전의 시력은 적어도 0.3은 되어야 한다. 시력 0.3 이하를 교육적인 약시라고 한다. 그것은 학교에서 흑판에 씌어지는 글자의 큰 글자를 맨 앞자리에서 읽을 수 있는 최저 시력이다.

그리고 국민학교 3학년의 시력은 적어도 0.6은 되어야 한다. 굴절 이상이 없는 건강한 시력을 가진 아이들을 모아 검사했을 때, 국민학교 저학년의 자각적 시력 검사의 성적이 고학년의 아이에 비해서 낮게 나온다. 즉 같은 시력표로 검사를 해보아도 고학년에서는 1.2의 시력이지만, 저학년에서는 0.9-1.0이 된다. 이것은 저학년에서는 표현력의 빈곤이 그 원인이라고 할 수가 있다. 표현력의 빈곤만으로도 그러한 차가 나는데, 시력이 나쁜 아이들이 겪어야할 불이익에 대해서 부모들은 깊이 생각해 보아야 할 필요가 있다.

2. 안과 계통의 질환

1) 약시 (弱視)

안경을 착용해도 시력이 충분하지 않은 눈을 일반적으로 약시라고 한다. 그러나 약시에도 정확한 원인이 있다. 따라서 그것을 정당한 시기에 제거해 줌으로써 시력을 회복시킬 수가 있는 것이다. 우선 그 원인을 세 가지로 나누어 생각해 보기로 한다.

* 백내장 (白內障)

어머니가 임신중에 풍진 (風疹)에 걸리면 풍진 비루스의 영향으로 태어난 아이에게 백내장이 나타나는 수가 있다. 백내장이란 눈의 수정체가 혼탁해지는 병으로 카메라에 비유한다면 카메라 안에 있는 렌즈가 흐려지기 때문에 시력이 없어지는 병이다.

일반적으로 단순한 선천성 백내장은 적지만 유전성 백내장은 진행되는 일이 있으며, 학동기에 시력 장애를 발견하여 수술을 하는 수도 있다. 어느 쪽이든지 간에 아이들의 백내장은 수술의 시기를 결정하는 것이 어려운 문제다. 조기에 수술을 받아도 시력이 재생되지 않는 경우가 많기 때문이다. 안과 의사와 의논하여 대처하도록 해야 한다.

그밖에 외상성(外傷性) 백내장이나 테타니 백내장이라는 것이 있는데, 체내의 칼슘이 저하되어 경련 발작을 일으키는 병에 걸렸을 때 백내장이 합병적으로 일어나는 수가 있다. 간질병으로 혼돈되는 경우가 있으므로 주의해야 한다.

유리병을 가지고 놀다가 부서진 파편이 눈에 들어가거나, 야구공으로 눈을 맞거나, 또는 친구들과 장난을 하다가 눈을 부딪치거나 하는 일은 활발한 아이들에게 흔히 벌어지는 일이다. 눈을 다쳤을 때는 반드시 안과 의사의 진찰을 받도록 해야 한다. 겉보기에는 아무렇지도 않으나 육안으로 구별할 수 없는 병에 의하여 시력 장애가 나타나는 경우가 많다.

* 녹내장(綠內障)

녹내장이란 안구 내의 압력이 높아지는 병을 말한다. 안내압(眼內壓)이 높아져서 시신경이 침식되기 때문에 시력이 없어지는 것인데, 선천성 소아 녹내장을 〈우안(牛眼)〉이라고 한다.

생후 곧 발견되거나, 1년이 지나서야 발견되는 일이 있는데, 검은 눈동자가 커지며 소의 눈처럼 되기 때문에, 이런 이름이 붙여졌다. 검은 눈동자는 보기에도 시원한 느낌을 주지만, 그것도 지나치면 생각해 보아야 할 문제다. 한번쯤 진찰을 받을 필요가 있다.

* 미숙아 망막증(未熟兒網膜症)과 미숙아의 눈

위대한 처칠도 미숙아였다고 한다. 미숙아 자체는 건강하게 발육을 하면 아무런 문제가 없으나 자칫 잘못하면 상당히 많은 핸디캡을 안고 평생을 살아가야 한다.

1940년-1950년대 미국에서는 미숙아에게서 소경이 많이 발생했다. 이것은 미숙아를 구하기 위하여 사용하던 산소에 원인이 있었던 것이다. 임신 7개월이나 8개월의 태아가 아직도 충분히 발육되지 않은 시기에 출산되면, 눈도 완성되지 않은 망막의 말초 부분에 대해서 생후에 산소의 영향 등으로 이상한 증식 반응이 일어나서 망막 박리(剝離)를 일으켜 실명하고 만다. 이것이 미숙아 망막증이다.

달이 차지 않은 상태에서 태어난 아이에 대해서는 적어

도 생후 3개월까지는 안저(眼底)검사를 충분히 받도록 해야한다. 그런데 미숙아 망막증은 차치하고 학동기의 아이를 미숙아였던 아이와 성숙아였던 아이로 나누어 비교해 보았더니 미숙아의 70퍼센트가 굴절에 이상이 있는 것으로 나타났다.

* 유전성 질환(망막 색소 변성증, 색맹)

일반적으로 유전의 형태에는 상염색체의 우성(優性) 유전과 열성(劣性) 유전, X염색체의 우성 유전과 열성 유전이 있다. 눈의 질환 중에도 뚜렷한 유전 형식을 취하는 병이 여러 가지 있다.

색각(色覺) 이상은 현재 거의 문제가 되지 않으나, 극히드물게 전색맹과 같은 시력이 상당히 나쁜 아이가 태어나는 일이 있다. 이런 아이는 지능도 상당히 떨어지는 것으로 알려져 있다. 그런데 이 색소경은 알려진 바와 같이 X염색체의 열성 유전의 형식을 취한다. 즉 X염색체에 그 유전자가 있으므로 X염색체가 하나밖에 없는 남성에게 많이 나타난다.

유전의 질병에서 또 한 가지, 상염색체의 열성 유전 형식을 취하는 것에 망막색소 변성증(網膜色素變性症)이라는 안질(眼疾)이 있다. 망막색소 변성증은 마침 학동기에 많이 발견되는 병으로 야맹(夜盲)이 그 주된 증상이나, 어두운 곳을 보기가 힘든 데서 흔히 발견되는 병이다.

일반적으로 눈의 질병에서는 열성 유전(특히 상염색체) 형식을 취하는 것에 중증이 많다. 그런데 이 열성 유전은 혈족 결혼의 경우에 많은 것으로 알려져 있다. 만약 부모가 4촌끼리나 재종끼리의 결혼이었다고 할 때, 그 병의 원인이 되는 유전자가 있는 염색체가 흩어져 있는 범위 내에서 결혼하는 것이 되어 타인끼리의 유전자 결부보다는 훨씬 많은 기회로 결부하기 때문이다.

망막색소 변성증은 극히 가벼운 것을 제외하고는 20대까지 거의 실명에 가까운 상태가 되는 수가 많으며, 그런 의미에서는 혈족 결혼은 재고의 여지가 있다.

2)약시의 원인이 굴절 이상에 있는 경우

근시, 원시, 난시 등의 굴절 이상은 우리들의 생활에 매우 깊은 관계가 있어서 언제나 관심을 가져야 하는 것인데, 의외로 그것을 올바르게 이해하고 있는 사람은 드물다.

이 경우 역시 아이들의 지능 발달에 있어서도 매우 큰 연관이 있다는 것은 앞에서 말한 바와 같다. 그러므로 굴절 이상을 올바르게 이해하고 될 수 있는 대로 빠른 시기에 그것을 발견하여 지능의 발달에 방해되지 않도록 해야 한다.

✱ 원시(遠視)

책을 가까이 하는 것이 성장기의 아이들에게 얼마나 중

요한 일인가는 새삼 말할 필요도 없다. 책을 싫어하거나 집중력이 없으며, 곧 싫증을 내는 아이나 밖으로 나가서 놀이에만 열중하는 아이에 대해서 원래 성격이 저러니까라고 체념하지 말고, 혹시 원시가 아닐까 한번 의심을 해볼 필요가 있다. 또한 책은 좋아하지만 읽고 있으면 곧 머리가 띵하게 아프다고 할 때도 원시인 경우가 많다.

그럼 원시는 어째서 이와 같은 증상이 나타나는 것일까. 정상적인 눈은 무한 원점(無限遠點)을 볼 때는 전연 조절을 하지 않고 물체를 볼 수 있다. 그러나 보려고 하는 물체가 가까워질수록 눈은 조절이라는 작용----수정체를 볼록 렌즈처럼 두껍게 해서 보는 작용----을 하지 않으면 물체를 볼 수 없다.

눈 앞에 있는 물체를 될 수 있는 한 가까이 해서 흐려서 보이지 않게 되는 곳을 조절 근점(調節近點)이라고 한다. 그런데 원시는 정상적인 시력이나 근시안에 비해서 안축(眼軸)이 짧다. 따라서 그대로의 상태에서는 물체의 상이 망막의 면보다 후면에 비치게 된다. 그러므로 상이 흐려지게 되는 것이다.

먼 곳을 볼 때도 이런 조절이 필요하므로 가까이 볼 때는 더욱 강하게 조절하지 않으면 안 된다. 그러므로 원시인 사람은 정시안이나 근시안의 사람에 비해서 언제나 조절이라는 부담을 안고 생활하고 있으며, 그런 까닭으로 머리가 아프거나 눈이 쉬 피로해지는 것이다. 그러나 조절을 해서 먼 곳을 볼 수 있는 원시는 아직 괜찮은 편이라 할 수 있다. 원시가 심해지면 자신의 힘으로는 조절할 수 없게 되며, 먼 곳이나 가까운 곳이나 모두 상이 흐려져서 선명한 자극이 망막, 나아가서는 머리에 전해지지 않고 약시가 되어 버릴 위험이 있다.

약시는 안경을 껴도 시력이 나오지 않으므로, 학업이 제대로 이루어질 수 없는 것은 당연하다. 이런 의미에서 원시는 아이들의 성적이나 지능의 발달에 방해가 되는 병이며, 약시가 되는 가장 중요 원인이기도 하다. 조기에 발견하여 안경 등 적절한 조치를 강구하는 것은 의사의 책임이며 부모의 책임이다.

＊ 근시(近視)

일반적으로 학동(學童) 전기의 근시는 극히 드물다. 단지 최근 미숙아 망막증인 아이나 미숙아였던 아이에게서 수정체의 발육 부진에 의한 근시가 상당히 많기는 하다.

근시는 원시와는 달라서 먼 곳을 조절해도 보이지 않기 때문에 시력이 나오지 않는다. 그러나 근시에서----극히 심한 근시를 제외하고----가까운 곳이 보이지 않는 일은 거의 없다. 그러므로 원시와는 달리 근시가 약시로 되는 일은 없다고 할 수 있다. 그러나 학동기에 들어가서 읽기, 쓰기가 많아져서 수정체의 굴절이 증가하여 모양근의 긴장이 계속되면 근시가 되어 가는 아이들이 급속히 증가한다. 그러므로 후천적인 근시는 학동 근시, 혹은 굴절 근시라고도 하며, 주위의 환경 인자가 관여해서 변해가는 것이다.

근시가 진행되고 있음에도 불구하고 그것을 방치하여 눈 언저리를 찌푸리면서 먼 곳을 보거나 친구들의 공책을 베끼고 있는 동안 공부가 싫어지게 되어, 학력이 저하되는 것은 학동기의 큰 문제다. 근시는 안축이 길기 때문에 상이 망막면보다 앞에 비치게 된다. 이것을 교정하기 위해서는 오목 렌즈를 사용할 수밖에 없다.

국민학교 저학년에서는 흔히 가성(假性) 근시로 진단되어 안약이나 훈련으로 치료하려고 한다. 그러나 진실로 가성 근시로 진단할 수 있는 것은 몇 퍼센트에 불과하며, 대부분의 경우는 전근시 상태(前近視狀態)이며, 해가 지남에 따라서 시력도 나빠지고, 결국은 안경을 끼게 되는 경우가 많은 것을 염두에 두어야 한다. 근시의 경우는 안경을 끼는 적절한 시기를 판단해야 한다.

* 난시(亂視)

난시는 각막면에서의 굴절이 한 점에 모이지 않는 것, 즉 각막면(검은 눈의 표면)에 어딘가 이즈러진 곳이 있기 때문에 선명한 결상(結像)이 안 되는 것을 말한다. 난시에도 근시성의 것, 원시성의 것, 잡성(雜性)의 것이 있으며, 축(軸)도 180도, 90도, 경사 등 여러 가지 경우가 있다.

난시는 사람에 따라 상당히 강한 신체적인 이상을 나타

내는 일이 있으므로, 난시용 안경을 낀 순간에 여태까지 느끼던 이상이 완전히 가셔져서 완전히 시원한 기분이 되었다는 예가 있다. 먼저 두통이나 어깨가 모이는 것, 몸의 피로, 눈이 아프고 피로한 것 등이 그 주된 증상인데, 앞에서도 말한 바와 같이 난시의 특징은 틀리거나 뛰어넘으면서도 예사로 시력표를 읽는 수가 많다.

또한 학교에서 경망하다든지 부주의하다느니 하여 실수가 많이 지적되는 학동에게서 난시를 많이 발견할 수 있다. 또한 지난 수년 동안을 살펴보면 6세 전의 아이, 국민학교 저학년 아이에게도 매우 심한 난시가 증가하고 있다. 시력이 나빠서 교정을 해도 시력이 나오지 않는 경우, 검사를 해보면 도가 강한 난시가 발견되는 수가 있다. 이 난시의 증가 경향은 텔레비전이나 모든 시각을 통한 환경 인자에 과잉된 공부까지 겹쳐, 그것이 자극이 되는 것이 원인이다.

3)사시(斜視)

사시는 사팔뜨기라고도 하는데, 한쪽 눈의 위치가 정면을 향했을 때 다른 눈은 빗겨져 있는 것을 말한다. 그 위치 이상에 따라 외사시(外斜視), 내사시(內斜視), 상하사시(上下斜視)로 나눌 수 있다. 외관상으로만 사시를 보면, 외사시는 어딘가 모자라는 사람 같은 인상으로 멍청한 느낌을 주는 데 대해서 내사시는 어딘가 인상이 나쁜 느낌을 주기도 한다.

눈매가 아름다운 여배우에 심한 근시가 많다는 말이 있는데, 이것은 근시가 심해지면 외사시 경향(눈매가 흩어지는)이 되는 수가 많기 때문에 어딘가 촛점이 모여지지 않고 물기가 어린 매력적인 눈으로 보이기 때문이다.

그러나 사시는 겉보기만의 문제가 아니라 두 눈을 동시에 가동하지 않고 있는 데 있다. 외관만으로는 가까스로 사시가 고쳐졌다고 하더라도 양안시(兩眼視)를 할 수 없고, 동시시(同時視)가 아니라면 아무런 의미가 없다. 두 눈을 동시에 쓸 수 없다는 것은 융상력(融像力)도 없고 입체시(立體視)도 할 수 없다는 것을 말하며, 한쪽 눈에 부담이 가서 피로하기 쉽고, 체육 등에 서툰 것이 보통이다. 마음 속에서도 깊이 입체적으로 사물을 보고 생각할 수 없게 된다. 또한 언제나 눈매가 이상하다는 핸디캡을 가지고 있으므로 성격적으로도 비뚤어지는 일이 많으며, 될 수 있는 대로 빨리 안위(眼位)의 이상을 발견하여 고쳐 주어야 한다.

＊ 외사시(外斜視)

눈의 위치가 밖으로 빗겨진 것으로 90퍼센트는 간헐성 외사시이다. 대부분이 선천성인데, 눈이 확고히 제자리를 잡는 3세쯤에 알게 되는 것이 보통이다. 그다지 진행하지 않는 것으로 알려져 있으나, 눈의 피로나 눈이 부시는

증세를 호소한다. 먼저 전문의에게 보여서 수술을 받도록
해야 한다.

* 내사시(內斜視)

눈의 위치가 안쪽으로 빗겨진 것을 내사시라고 하는데,
내사시는 사시 중에서도 가장 많은 문제를 안고 있다. 내사
시에는 선천성인 것, 후천성인 것, 그리고 원시와 관계가
깊은 조절성이 있다.

유아(乳兒)가 생후 6개월이 되면 눈의 기능이 갖추어진다
고 앞에서 말했는데, 생후 6개월까지에 발견되는 것은 선천
성 내사시이며, 치료가 곤란하다. 또한 생후 6개월 후에 발
증하는 것은 대개는 조절 폭주에 의한 후천성이며, 충분히
주의하여 치료를 해야만 한다.

그런데, 여기서 또 한 가지 중요한 것은 조절성의 내사시
라는 것이다. 따라서 조절 기능이 완성되는 2세쯤 되어 내
사시를 알았을 때는 굴절 검사를 받도록 해야 한다.

원시가 있을 경우, 이것이 교정되지 않으면 아이는 지나
친 조절을 하게 되어 이것에 따라서 폭주도 지나치게 되어
내사시가 된다. 원시용 안경으로 고칠 수 있으므로, 수술
따위는 필요 없다.

* 그밖의 사시

사시에는 이밖에 눈의 위치가 비스듬히 빗겨지는 교대성

(交代性) 상사시(上斜視), 상하로 빗겨지는 상하사시, 넓은 의미에서는 머리를 갸웃거리며 물체를 보는 안성 사경(眼性斜頸)도 있다. 이러한 것은 어릴 때부터 부모가 충분히 주의하여 관찰하고, 전문의의 진찰을 받도록 해야 한다. 어느 경우든 안위(眼位)의 이상을 발견했다면 방치하지 말고 진단을 받도록 해야 한다.

✻ 소아 눈의 심신증(心身症)

일반적으로 아이들에게는 히스테리 따위는 없으며, 정신적인 영향이 눈에 나타날 수 없다고 생각하기 쉬우나 그것은 큰 오산이다. 아이들처럼 정신적으로 델리케이트하고 그 증상이 바로 눈에 나타나는 존재는 없다. 눈에 증상이 나타나는 심신증에는 정신적인 불균형이 원인으로 녹내장이 되거나, 당뇨병을 악화시키는 것 이외에 정신적인 욕구 불만이 형태를 바꾸어 눈의 증상, 대개는 기능적인 것으로 눈이 보이지 않는 등의 상태로서 나타난다. 아른바 변환형(變換型)을 취하는 것 등이 있다.

아이의 경우에는 이 변환형이 문제가 되는 수가 많으며, 마음의 어느 구석인가에 욕구 불만이 있는 경우가 많다. 학동기 전의 아이는 눈이 아프다든지 그럴 필요가 없는데도 언제나 눈을 깜짝이는 등의 호소를 하면서 안과를 찾아오는 일이 많은데, 기질적으로 이상이 없을 때는 마음의 어딘가에 원인이 있다.

이를테면 여태까지 귀여움을 독차지하고 있었는데, 동생이 생기는 순간부터 부모의 애정이 그쪽으로 옮겨가 버리는 바람에 귀여움을 차지하지 못하는 경우에도 나타난다. 그리고 꾸중을 듣고 난 후에도 나타나는 경우가 있다. 더구나 잔소리를 듣는 등의 일이 그 아이에게 여러 가지 눈의 증상을 발증(發症)시켜 꾸중을 들으면 들을수록 치유되지 않는 경우가 있다.

4)안검내반(眼瞼內反)

아이의 건강진단 등에서 흔히 발견되는 것으로는 내반증(속 눈썹이 안으로 자라는 현상)이 있다. 젖먹이는 그다지 걱정할 필요가 없으나 유아기에 눈시울의 피부과잉 팽창으로 일어나는 일이 많다. 밝은 곳에서 눈을 감거나 언제나 고개를 숙이고 있는 일이 많으며, 이 때문에 내향적인 성격이 되는 경우도 있으므로 필요하면 수술을 받도록 해야 한다.

학동기에 들어서면 아동의 체격에 좌우되는 내반증이 많아진다. 피부의 긴장이나 피하조직의 두께가 없으며 한 겹의 눈시울이 되기 때문에 속눈썹이 각막에 닿아 표층 각막염을 일으키기도 한다.

엄마는 딸의 밝은미래를 보고싶다

2020년 11월 10일 인쇄
2020년 11월 15일 발행

지은이 / 캐시 스펠맨
옮긴이 / 윤 미 례
펴낸이 / 김 용 성
펴낸곳 / 지성문화사
등 록 / 제5-14호 (1976. 10. 21)
주 소 / 서울시 동대문구 신설동 117-8 예일빌딩
전 화 / 02)2236-0654
팩 스 / 02)2236-0655, 2952